AF522944

Haferkur Kochbuch

- Heilen mit Hafer -

Die leckersten Haferflocken Rezepte für mehr Wohlbefinden & Vitalität und gegen Fettleber, Diabetes & stille Entzündungen

Sebastian Korporal

Email: info@edition-lunerion.de
www.edition-lunerion.de

Psiana eCom UG
Berumer Str. 44
26844 Jemgum

Vorwort

Spielen in Ihrem Leben Probleme mit Cholesterin, Bluthochdruck, Diabetes mellitus oder Fettleber eine Rolle und Sie wollen gerne selbst dagegen aktiv werden? Möchten Sie zu einem gesünderen Lebensstil gelangen und dabei auf natürlich, langfristig anwendbare und unschlagbar einfache Methoden zurückgreifen? Wünschen Sie sich eine Möglichkeit, in Ihrer Ernährung endlich Geschmack und Gesundheit in Einklang zu bringen? Dann ist eine Haferkur der ideale Ansatz für Ihren Weg zu ganzheitlichem Wohlbefinden und dieses Buch zeigt Ihnen, wie das ganz mühelos klappt! Sättigt langanhaltend, hilft, Blutzucker und Cholesterin zu regulieren, fördert die Verdauung, Top-Verbündeter auf dem Weg zum Wunschgewicht: Dies ist nur eine Auswahl der positiven Auswirkungen von Hafer auf den menschlichen Organismus und die Medizin kennt und nutzt diese Vorteile seit langem. Vor allem aber sorgen die köstlichen und abwechslungsreichen Rezepte dafür, dass das einzigartige Getreide niemals langweilig wird. Genießen Sie Pilz-Hähnchen-Porrdige, probieren Sie Hafer-Pizza, Pfannkuchen und vieles mehr und lernen Sie mit Honig-Sahne-Creme den Hafer von einer völlig neuen Seite kennen!

Guten Appetit!

INHALT

Wissenswertes

Dass Hafer für die Gesundheit förderlich ist, wurde bereits in der Antike erkannt. Besonders die positive Auswirkung auf den Blutzucker ist hierbei hervorzuheben. Durch eine gesunde Ernährung kann Diabetes Typ 2 deutlich eingeschränkt werden. Bis dahin, dass auf einige Medikamente verzichtet werden kann. Beta-Glucan ist ein Ballaststoff, der in Hafer vorkommt und nachweislich den Blutzuckerspiegel senken kann. Durch bewusste Hafertage kann die Insulinempfindlichkeit deutlich verbessert werden. Ebenfalls verbessert sich der Fettstoffwechsel.

Hintergrund

Carl van Noorden war Internist und sein Forschungsschwerpunkt galt der Behandlung von Personen mit Diabetes mellitus. Er selbst gründete eine Klinik für Zuckerkranke. Das war bereits 1895. Seine sogenannte Haferdiätkur wurde bereits Anfang des 20. Jahrhunderts mit Diabetikern getestet und konnte den Blutzucker effektiv senken. Hafer ermöglicht, dass die Zellen für Insulin empfindsamer werden und der Blutzucker wieder reguliert wird.

Alles rund um die Haferkur

WAS MUSS IM VORFELD BEACHTET WERDEN?

Aufgrund der Veränderungen des Stoffwechsels sollte man im Vorfeld mit einem Arzt oder anderen Spezialisten über das Vorhaben reden. Eine Unterzuckerung kann sehr schnell eintreten und sollte daher stets gut begleitet werden. Sollten Sie Diabetes haben, bei dem Sie Insulin spritzen müssen, so muss während der Haferkur danach geschaut werden, dass Ihre Insulinzufuhr angepasst wird. Achten sie daher auf eine enge Betreuung durch Ihren Arzt. Hierbei sollte auch nochmals vorher abgeklärt werden, ob andere akute Erkrankungen vorliegen, die die Haferkur nicht ermöglichen. Achten Sie während der Hafertage auf ausreichend Bewegung, allerdings sollten Sie darauf achten, den Körper nicht über die eigenen Grenzen zu belasten.

WAS IST HAFER?

Haferflocken gehören für viele Menschen zum täglichen Frühstück dazu. Ihre langanhaltende Sättigung birgt einen guten Start für den Tag. Der Hafer an sich ist im Anbau sehr pflegeleicht, was für uns als Endverbraucher den Vorteil hat, dass man sehr kostengünstig Hafer erwerben kann. Auch wenn es Hafermehl gibt, eignet sich dieser nicht für die Herstellung von Brot. Hafer an sich ist hierfür einfach zu klebrig. Die Haferflocken hingegen sind kaum wegzudenken. Sie gelten als leicht verdaulich und haben viele Vitamine und Proteine. Ebenso findet man Hafer mittlerweile in vielen Medikamenten.

RISIKOFAKTOREN UND KRANKHEITEN ENTGEGENWIRKEN

Hafer gilt als eines der gesündesten Lebensmittel überhaupt. Es hat sehr viele Vitamine und Spurenelemente in sich. Bei einer Diät oder Schonkost ist Hafer ein Grundbaustein. Auch die Medizin macht sich den gesundheitsfördernden Aspekt zunutze. So wirkt es sich positiv bei PatientInnen mit *Nierenbeschwerden*, *Magen-Darm-Beschwerden*, aber auch *RheumatikerInnen* aus. Auch ein *Eisenmangel* kann mit Hilfe von Haferflocken wieder aufgebessert werden.

Wer unter einer **Fettleber** leidet, kann dies nur heilen, indem er seine Ernährung umstellt. Medikamente helfen hierbei nämlich kaum bis gar nicht. Auch Hafer kann ein Bestandteil für die Ernährungsumstellung sein. Bereits ein Hafertag wöchentlich hilft, dass sich die Leber regenerieren kann.

Wer unter **Bluthochdruck** leidet, kann ebenfalls mit Hafer eine Regulierung unterstützen. Hafer hat auch auf Blutgefäße eine positive Auswirkung. Das Beta-Glucan im Hafer kann den Blutdruck nachweislich senken. Aufgrund der regulierenden und senkenden Funktion von Hafer auf Blutzucker und Cholesterin werden die Ablagerungen in den Blutbahnen reduziert. Daher kann das Blut ungehindert fließen und der Blutdruck pendelt sich im

Normbereich ein. Studien, die sich ganz konkret mit der Haferkur befasst haben, sind bisher rar. Allerdings konnte generell die Wirkung von Hafer nachgewiesen werden. Die positiven Auswirkungen bei **Diabetes Typ 2** und auf den **Stoffwechsel** war hierbei eindeutig. So waren folgende Aspekte in Studien eindeutig:

- Das Insulin wirkt besser und dadurch verbessert sich der Stoffwechsel.
- Blutzucker kann besser kontrolliert werden, der Blutzuckerspiegel senkt sich.
- Der Cholesterinspiegel senkt sich.
- Leberfett wird abgebaut.
- Es wird weniger zusätzliches Insulin benötigt.

Aufgrund seiner sehr sättigenden Wirkung kann eine haferbasierende Ernährung auch beim Abnehmen helfen. Das Besondere ist nämlich, dass man mit einem einfachen Haferbrei sehr schnell satt ist, aber nicht sehr viele Kalorien zu sich genommen hat. Dadurch ist das Risiko eines Heißhungers auch deutlich gemindert. Es bleibt allerdings zu betonen, dass all jene Leiden durch die Hafertage allein nicht verschwinden. Oftmals sind es Kombinationen mehrerer Faktoren wie Bewegungsmangel, Stress, Übergewicht, Alkohol usw. Diese Aspekte dürfen daher nicht unbeachtet bleiben, nur weil man Hafer zu sich nimmt. Allerdings kann mit Hilfe von Hafer ein paar Risikofaktoren entgegengewirkt werden.

HAFERTAGE ODER HAFERKUR?

Der Begriff der **Haferkur** beschreibt eine Ernährungsform, die Hafer in alltägliche Mahlzeiten einbaut. Allerdings verstehen manche unter einer Haferkur auch die regelmäßige Durchführung von Hafertagen. Während der **Hafertage** besteht die Ernährung nahezu ausschließlich aus Hafer. Sie sind somit erst mal eine Kurzzeitkur und möglicherweise der Beginn einer Haferkur. Beispielsweise können alle 4-6 Wochen strenge bzw. gemäßigte Hafertage eingelegt werden und eine Haferkur einleiten.

Haferkur = Einbau von Hafer in alltägliche Mahlzeiten
Hafertage = Ernährung besteht nahezu ausschließlich aus Hafer

Wer sich für die Hafertage entscheidet, ernährt sich an allen drei Hauptmahlzeiten am Tag von Haferbrei. Das Verhältnis hierbei besteht aus 75 Gramm Haferflocken und 300 - 500 ml Wasser. Dies kann dann aufgekocht werden oder aber auch einfach im kalten Wasser aufgequollen werden. Um es aber nicht ganz so eintönig zu gestalten, wird diese Haferbreimischung gewürzt und täglich mit Gemüse (max. 100 g) oder Obst (50 g) variiert. Werden die Haferflocken vor der eigentlichen Zubereitung in einer Pfanne ohne Fett geröstet, so bekommt der Haferbrei eine leicht nussige Note. Genügend Flüssigkeit ist von großer Bedeutung. Daher sollte darauf geachtet werden, dass mindestens zwei Liter Wasser oder andere kalorienfreie Getränke getrunken werden. Ursprünglich war die Haferkur für drei Tage ausgelegt (Hafertage), kann allerdings auch um einen vierten Tag verlängert werden. Allerdings stellt man erst über mehrere Wochen den positiven Effekt auf den Stoffwechsel fest. Wer möchte, kann die Hafertage alle 6 - 8 Wochen wiederholen, es ist allerdings auch möglich, einfach wöchentlich einen festen Hafertag einzulegen. Für eine langanhaltende Ernährungsumstellung eignet sich eine Haferkur besonders gut. Das Lebensmittel „Hafer“ in seinen festen Ernährungsplan aufzunehmen, wirkt sich positiv auf die eigene Gesundheit aus.

ABLAUF UND DAUER DER HAFERTAGE

Strenge Hafertage (3-4 Tage)

Unter den strengen Hafertagen versteht man Hafertage mit Mahlzeiten ausschließlich aus 220 g Haferflocken je Tag, angerührt mit 500 ml Brühe oder Wasser. Die Zugabe von Salz, Süßstoff, Fetten oder Eiweißen ist nicht gestattet. Es kann helfen, zwischen zarten und kernigen Flocken zu wechseln, um etwas Variation im Alltag zu erlangen. Auch Produkte aus Haferkleie dürfen zubereitet werden.

Anleitung für mögliche Rezepte „Strenge Hafertage"

1. Basis: Brühe

Zutaten:

500 ml Gemüsebrühe, 75 g Haferflocken, frische Kräuter

In einem Topf die Gemüsebrühe aufkochen, dann die Haferflocken hineinrühren. Die Haferflocken für zehn Minuten aufquellen lassen. Abschließend mit Kräutern verfeinern. Warm genießbar.

2. Basis: Wasser

Zutaten:

500 ml Wasser, 75 g Haferflocken, Gewürze nach Belieben

Die Haferflocken in kochendes Wasser geben, gut verrühren und zehn Minuten aufquellen lassen. Nach Bedarf die Gewürze dazugeben. Warm genießbar.

Gemäßigte Hafertage

Wer gerne mehr Spielraum in der Gestaltung der Rezepte möchte oder anfangs sich noch nicht so sehr damit anfreunden kann, sich ausschließlich von Hafer zu ernähren, kann mit den gemäßigten Hafertagen starten. Man braucht aufgrund der Definition nicht die Sorge haben, dass diese Form der Hafertage weniger effektiv sei. Es geht ausschließlich darum, dass beispielsweise Salz oder Süße hinzugefügt werden kann, aber auch Nüsse, Gemüse oder Beeren. So bleibt die Möglichkeit, die Mahlzeiten herzhaft oder süß zuzubereiten.

Die gemäßigten Hafertage setzen sich täglich aus drei Mahlzeiten mit je 60 - 80 g Haferflocken zusammen. Diese werden mit 300 - 500 ml Flüssigkeit zubereitet. Hierfür kann kaltes oder heißes Wasser genutzt werden oder auch Brühe. Nun kann mit Zitronensaft, Süßstoff, Kräutern, 50 g Beeren oder Gemüse oder auch 20 g Nüssen variiert werden. Diese Hafermahlzeiten sollten für drei Tage beibehalten werden und die Zufuhr anderer Fette, Eiweiße und Kohlenhydrate sollte unterlassen werden. Ebenso sollte auf Alkohol verzichtet werden. Ob Sie die Mahlzeiten warm oder kalt zu sich nehmen wollen, bleibt Ihnen überlassen. Allerdings muss darauf geachtet werden, dass zwischen den Mahlzeiten ein Abstand von mindestens vier Stunden gegeben ist. Während dieser Zeit wird auch nichts anderes gegessen werden, allerdings darf ausreichend getrunken werden.

Bei der Auswahl der Gemüse- und Obstsorten muss darauf geachtet werden, dass diese auch so wenig wie möglich Kalorien haben. Folgende Auflistung verschafft einen schnellen Überblick:

	Gemüse	Obst
Sehr wenig Kohlenhydrate	Aubergine, Blumenkohl, Fenchel, Chicorée, Brokkoli, Chinakohl, Tomaten, Sellerie, Gurke, grüne Paprika, Mangold, Lauch, Kohlrabi, Kohl, Radieschen, Spargel, Zucchini, Rettich, Wirsing, Blattsalate	Zitrone, Limette, Heidelbeeren, Brombeeren, Erdbeeren, Johannisbeeren, Papaya
wenig Kohlenhydrate		Orange, Kiwi, Aprikose, Stachelbeere, Clementine, Apfelsine, Grapefruit, Wassermelone, Quitte

Mögliche Rezepte für die gemäßigten Hafertage

Apfel-Zimt

Zutaten:

1 TL Zimt, 75 Haferflocken, 1 TL Erythrit, 25 g Apfel, 500 ml Wasser

Die Haferflocken in kochendes Wasser geben und für zehn Minuten quellen lassen. Anschließend Erythrit und Zimt unterrühren. Den Apfel entweder reiben oder in kleine Stücke schneiden und zum Haferbrei dazugeben. Kalt und warm genießbar.

Schokolade-Birne

Zutaten:

1 TL Backkakao, 75 g Haferflocken, 500 ml Wasser, 1 TL Erythrit, 25 g Birne

Die Haferflocken in kochendes Wasser einrühren und für zehn Minuten quellen lassen. Anschließend Erythrit und Backkakao dazugeben. Alles gut verrühren. Die Birne in kleine Stücke schneiden und zum Haferbrei dazugeben. Warm und kalt genießbar.

Vanille-Himbeere

Zutaten:

25 g Himbeeren, 75 g Haferflocken, 500 ml Mandelmilch, 1 TL Erythrit, Vanillemark

Die Mandelmilch zum Kochen bringen und die Haferflocken hineingeben. Diese für zehn Minuten aufquellen lassen. Das Erythrit und das Vanillemark unterrühren. Den Haferbrei mit den Himbeeren garnieren und kalt oder warm genießen.

Kiwi

Zutaten:

500 ml Wasser, 25 g Kiwi, 75 g Haferflocken, 1 TL Erythrit

Die Haferflocken in kochendes Wasser einrühren und zehn Minuten quellen lassen. Das Erythrit hineinrühren und die Kiwi schälen und in Scheiben schneiden. Den Brei mit den Kiwischeiben belegen. Warm und kalt genießbar.

Tomaten-Walnuss-Porridge

Zutaten:

80 g Kirschtomaten, 200 ml Gemüsebrühe, 30 g gehackte Walnüsse, 1 EL gemischte Kräuter, 55 g lösliche Haferkleie

Die Gemüsebrühe aufkochen lassen und die Haferkleie hineingeben. Das Porridge auf einem Teller portionieren und mit den Walnüssen und geviertelten Tomaten garnieren. Die Kräuter darüberstreuen.

Mandel-Heidelbeer-Porridge

Zutaten:

200 ml Wasser, 55 g Haferkleie, 70 g Heidelbeeren, 20 gehackte Mandeln

Die Haferkleie in kochendes Wasser geben. Das Porridge auf einem Teller portionieren und mit den Mandeln und den Heidelbeeren servieren.

Ein hilfreicher Leitsatz lautet: **So schmackhaft wie nötig, aber so streng wie möglich!**

Sollte es für Sie kein Problem sein, drei Tage einfach nur Haferflocken zu essen, dann führen Sie ruhig die strengen Hafertage durch. Die Wirksamkeit haben Sie aber sowohl bei den strengen als auch den gemäßigten Hafertagen gleichermaßen.

GRUNDREGELN DER HAFERTAGE

Anbei nochmals eine kurze Zusammenfassung der Grundregeln für die Hafertage:

1. Drei Mahlzeiten am Tag, jeweils mit 75 Gramm Hafer.
2. Ausschließlich das Hinzufügen von Gewürzen und Kräutern ist erlaubt.
3. Jede Tagesmahlzeit wird mit 300 - 500 ml Brühe oder Wasser zubereitet.
4. Zwischen den einzelnen Mahlzeiten sollten mindestens vier Stunden vergangen sein.
5. Keine Snacks zwischendurch.
6. Auf mindestens zwei Liter Flüssigkeit am Tag achten.
7. Keine rohen Haferflocken essen.
8. Weder Süßstoff noch Salz dazugeben.
9. Auf die korrekte Zubereitung der Haferflocken achten, ansonsten gehen wichtige Inhaltsstoffe verloren.
10. Fett und andere Eiweiße werden nicht verzehrt.

Zusammenfassung

Hafertage sind 3 - 4 Tage, an denen man sich ausschließlich von Haferflocken im Verhältnis 75 g Haferflocken auf 300 - 500 ml Flüssigkeit ernährt. Bei den Hafertagen wird zwischen den gemäßigten und strengen Hafertagen unterschieden. Die gemäßigten Hafertage ermöglichen die Zugabe von gewissen Lebensmitteln.

Die Haferkur beschreibt eine andauernde Ernährungsform, bei der Hafer im Alltag mindestens einmal zu sich genommen wird. Hierbei muss nicht mehr zwangsläufig auf das strenge 75 g zu 500 ml Verhältnis geachtet werden. Die Hauptsache besteht darin, dass Hafer täglich verzehrt wird. Ob als Smoothie am Morgen, als Riegel am Vormittag, als panierter Fisch am Mittag oder als Brot zum Vesper. Die Möglichkeit der Haferaufnahme ist sehr vielfältig. Der Begriff der Kur beschreibt also eine langhaltende Ernährungsform, bei der die Hafertage der Startschuss (und evtl. dann im regelmäßigen Abstand Bestandteil sein können) und Hafer sich im alltäglichen Ernährungsplan etabliert.

Frühstück

SCHOKOLADENWAFFELN

4 Port.

30 Min.

Mittel

Zutaten

1 Ei
1 EL Honig
40 g Margarine
75 g Weizenmehl 1050
75 g Magerquark
10 g Kakaopulver
10 g Haferflocken
110 ml Milch
1 Msp. Backpulver
125 g Joghurt
125 g reife Bananen

Nährwerte p. P.

268 kcal
29 g Kohlenhydrate
12 g Fett
9 g Eiweiß

1 Heizen Sie das Waffeleisen vor.

2 Den Honig mit der Margarine verquirlen, bis es eine schaumige Masse ergibt.

3 Das Ei trennen und das Eigelb mit dem Quark unter die schaumige Masse rühren. Getrennt davon das Backpulver mit den Haferflocken, dem Mehl und dem Kakaopulver vermengen und anschließend unter die Ei-Masse mischen. Die Milch nach und nach dazugießen.

4 Schlagen Sie das Eiweiß zu Schnee, heben Sie diesen unter den Teig und backen dann vier Waffeln daraus.

5 Die Bananen mit einer Gabel zerdrücken, mit dem Joghurt verrühren und mit den Waffeln genießen.

GEBACKENE HAFERFLOCKEN

2 Port. 25 Min. Leicht

Zutaten

20 g Kokosöl
225 ml Sojadrink
¼ TL Zimt
8 frische Kirschen
Prise Salz
20 g Kokosraspeln
1 kleine Banane
100 g Haferflocken

Nährwerte p. P.

443 kcal
48 g Kohlenhydrate
21 g Fett
10 g Eiweiß

1 Den Backofen auf 180 °C Umluft vorheizen.

2 Das Kokosöl schmelzen und mit der Sojamilch, Zimt und Salz vermengen.

3 Die Kirschen entsteinen, die Banane in Scheiben schneiden.

4 Die Kokosraspeln mit den Haferflocken und dem Obst verrühren.

5 Fetten Sie eine kleine Auflaufform ein und füllen sie die Hafermasse hinein. Die Auflaufform in den Backofen stellen und 20 Minuten backen.

FRÜHSTÜCKSPIZZA

3 Port. 30 Min. Mittel

Zutaten

160 g Haferflocken
2 reife Bananen
1 TL Ahornsirup
Früchte nach eigener Vorliebe
4 EL Naturjoghurt

Nährwerte p. P.

296 kcal
53 g Kohlenhydrate

5 g Fett

6 8 g Eiweiß

1 Den Backofen auf 180 °C Ober-/Unterhitze vorheizen.

2 Zerdrücken Sie die Bananen mit einer Gabel und mischen diese mit dem Ahornsirup und den Haferflocken. Formen Sie drei kleine Pizzaböden. Ein Backblech mit Backpapier auslegen, die Pizzen darauflegen und für 15 Minuten backen.

3 Die gewählten Früchte in Stücke schneiden.

4 Die fertigen Pizzaböden gut abkühlen lassen, Joghurt darauf verteilen und mit den Früchten garnieren.

OVERNIGHT OATS CRANBERRY-BIRNE

1 Port.

10 Min.

Leicht

Zutaten

½ Birne
100 g Haferflocken
150 ml Sojadrink Vanille
einige Cranberrys

Nährwerte p. P.

477 kcal
76 g Kohlenhydrate
9 g Fett
17 g Eiweiß

1 Die Haferflocken im Sojadrink einlegen. Die Haferflocken müssen komplett bedeckt sein.

2 Die gewaschene Birne der Länge nach halbieren und entkernen. Davon anschließend eine Hälfte in Stückchen schneiden und zu den Haferflocken geben. Ein paar Cranberrys darüber verteilen.

3 Die gesamte Masse gut durchmischen und für eine Nacht in den Kühlschrank stellen.

HAFERFLOCKEN-KÖRBCHEN

2 Port.

20 Min.

Leicht

Zutaten

1 EL Honig
2 Bananen
100 g kernige Haferflocken
Prise Zimt
50 g feine Haferflocken
Beeren nach eigener Vorliebe
100 g Naturjoghurt

Nährwerte p. P.

435 kcal
80 g Kohlenhydrate
5 g Fett
11 g Eiweiß

1 Den Backofen auf 175 °C Ober-/Unterhitze vorheizen.

2 Die Bananen zerdrücken. Die übrigen Zutaten dazugeben und gut miteinander verrühren. Auf die Muffinförmchen verteilen und am Rand andrücken, sodass kleine Körbchen entstehen.

3 Die Körbchen für 15 Minuten backen und gut abkühlen lassen. Abschließend mit Joghurt befüllen und mit Beeren garnieren.

HAFERFLOCKEN MIT BANANE UND JOGHURT

1 Port.

1 Std.
5 Min.

Leicht

Zutaten

100 g Joghurt oder Pflanzenjoghurt
1 Banane
50 g Haferflocken
1 TL Erdnussbutter
1 Handvoll Heidelbeeren

Nährwerte p. P.

440 kcal
63 g Kohlenhydrate
12 g Fett
15 g Eiweiß

1 Das Joghurt in einer Schüssel mit den Haferflocken verrühren.

2 Die Banane in Scheiben schneiden und ebenfalls untermischen. Den Joghurt für eine Stunde im Kühlschrank quellen lassen.

3 Mit der Erdnussbutter und den Heidelbeeren garnieren.

MANGO-PORRIDGE

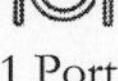

1 Port. 10 Min. Leicht

Zutaten

Prise Zimt
1 EL Rosinen
75 - 100 g Haferflocken
100 ml Wasser
Prise Salz
½ Mango, gestückelt
2 EL Mandelblättchen
50 g Blaubeeren

Nährwerte p. P.

536 kcal
70 g Kohlenhydrate
18 g Fett
17 g Eiweiß

1 Die Mandelblättchen ohne Zugabe von Öl anrösten.

2 Rosinen, Haferflocken, Salz und Zimt in einer Schale miteinander verrühren. 75 ml heißes Wasser hineingießen und umrühren. Die geschnittene Mango daruntermischen.

3 Ein wenig Wasser hinzufügen, verrühren und ein paar Minuten ziehen lassen. Dies so lange wiederholen, bis es die erwünschte Konsistenz hat.

4 Mit den angerösteten Mandelblättchen und den Heidelbeeren garnieren.

MILCH-HAFERBREI MIT APFEL

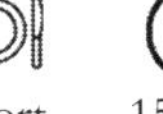

4 Port. 15 Min. Leicht

Zutaten

800 ml Milch
80 g Haferflocken
2 Äpfel
12 EL stilles Mineralwasser

Nährwerte p. P.

239 kcal
28 g Kohlenhydrate
9 g Fett
9 g Eiweiß

1 Die Milch zusammen mit den Haferflocken in einem Topf aufkochen lassen. Die Hitze herunterdrehen und für sechs Minuten quellen lassen. Den Brei auskühlen lassen.

2 Die Äpfel schälen, die Kerne entfernen und in Würfel schneiden. Die Apfelstücke mit dem Mineralwasser in einen Topf geben, den Deckel auflegen und sieben Minuten köcheln lassen.

3 Die Apfelmasse pürieren und 2 EL mit dem Haferbrei vermengen.

CHIA-HAFER

1 Port.

20 Min.

Leicht

Zutaten

200 ml Mandelmilch
50 g Hafer
3 TL Chiasamen
10 Rosinen
2 Datteln
Prise Zimt
½ Apfel
½ TL Kokosblütenzucker

Nährwerte p. P.

433 kcal
70 g Kohlenhydrate
9 g Fett
10 g Eiweiß

1 Die Datteln, Rosinen und die Mandelmilch miteinander verrühren.

2 Die Chiasamen und den Hafer dazugeben und im Kühlschrank für eine Nacht quellen lassen.

3 Den Apfel am nächsten Morgen schälen, von den Kernen befreien und in Würfel schneiden. Die Apfelstücke unter den Brei geben und mit Kokosblütenzucker und Zimt verfeinern.

HAFER-SMOOTHIE MIT ERDBEEREN

1 Port.

5 Min.

Leicht

Zutaten

1 Banane
100 g Erdbeeren
2 EL feine Haferflocken
50 ml Milch
200 g Naturjoghurt
1 TL Honig

Nährwerte p. P.

459 kcal
70 g Kohlenhydrate
11 g Fett
15 g Eiweiß

1 Die Banane in kleine Stücke schneiden.

2 Geben Sie die Banane und die Erdbeeren in den Mixer und pürieren diese. Die Milch, die Haferflocken und den Joghurt dazugeben und nochmals durchmixen. Abschließend den Honig unterrühren und erneut mixen.

HAFER-BOWL

4 Port.

35 Min.

Leicht

Zutaten

10 g Minze
200 g Haferflocken
400 ml Wasser
600 g Möhren
1 Zitrone
300 g griechischer Joghurt
Salz
4 EL Olivenöl
10 g schwarzer Sesam
1 EL Honig
100 g Feldsalat
1 Bund Radieschen
1 Kästchen Kresse
Pfeffer
500 g dicke TK-Bohnen
1 Bund Petersilie

Nährwerte p. P.

658 kcal
91 g Kohlenhydrate
18 g Fett
23 g Eiweiß

1 Die Haferflocken mit 400 ml Wasser aufkochen und anschließend für 20 Minuten auf niedriger Stufe köcheln lassen.

2 Die Minze waschen und grob hacken. Die Zitronenschale abreiben und die Zitrone auspressen. Den Abrieb der Zitrone mit der Minze unter den Joghurt mischen.

3 Schälen Sie die Möhren und schneiden Sie sie in dünne Streifen. Diese dann mit Salz, 1 EL Zitronensaft, 2 EL Öl, Sesam und Honig verrühren. Die Radieschen kleinschneiden, den Salat waschen und die Kresse abschneiden.

4 Salzwasser zum Kochen bringen und die Bohnen für drei Minuten darin kochen. Alles abgießen und die Bohnen aus der Haut drücken. Anschließend salzen und pfeffern. Die Petersilie fein hacken und mit dem übrigen Öl und den Bohnen vermengen.

5 Gießen Sie den Hafer ab, salzen und pfeffern Sie ihn und richten diesen nun mit den Möhren, den Radieschen, dem Feldsalat, den Bohnen, der Kresse und dem Minzjoghurt an.

HAFER-BOWL MIT MANDELN, BANANEN UND BEEREN

4 Port.

15 Min.

Leicht

Zutaten

100 g Haferflocken
200 g blanchierte Mandeln
4 EL Honig
2 Bananen
1 TL Zimt
250 ml heißes Wasser
½ TL Kardamom
250 g Heidelbeeren
50 g Leinsaat
4 Zweige Minze
25 g Chiasamen
40 g weiße Schokolade
Salz

Nährwerte p. P.

681 kcal
57 g Kohlenhydrate
16 g Fett
20 g Eiweiß

1 Die Haferflocken und die Mandeln in einen Mixer geben. Dazu kommt noch eine Banane, Salz, 2 EL Honig, Zimt und Kardamom. Das heiße Wasser dazugießen und alles gut durchmixen. Sollte die Masse nicht weich genug sein, einfach etwas mehr Wasser dazugeben.

2 Minzblätter abzupfen, Heidelbeeren waschen, die übrige Banane in Scheiben schneiden.

3 Die fertige Creme auf vier Schälchen verteilen und die Bananenscheiben, die Heidelbeeren und die Minze darauf verteilen. Honig darüberträufeln. Streuen Sie nun die Chiasamen und die Leinsaat darüber und hobeln Sie ein paar Schokoladenspäne darauf.

WARME FRÜHSTÜCKSBOWL

2 Port.

20 Min.

Leicht

Zutaten

370 ml Mandeldrink
100 g feine Haferflocken
50 g Mandeln
½ Vanilleschote
1 Handvoll Weintrauben
½ TL Zimt
3 EL gehackte Mandeln
2 EL schwarze Johannisbeeren
1 Birne

Nährwerte p. P.

438 kcal
46 g Kohlenhydrate
19 g Fett
13 g Eiweiß

1 In einem Topf den Mandeldrink mit den Haferflocken aufkochen lassen.

2 Das Vanillemark herauskratzen und in den Topf geben. Für fünf Minuten köcheln lassen. Den Zimt zum Brei dazugeben und verrühren.

3 Die Mandeln von der Haut entfernen, indem heißes Wasser darübergegossen wird. In der Küchenmaschine pürieren.

4 Die Birne waschen und in kleine Stücke schneiden. Die Weintrauben halbieren. Mit dem Haferbrei vermengen und den Johannisbeeren garnieren.

KOKOSFLOCKEN-HAFER-BOWL

2 Port. 10 Min. Leicht

Zutaten

15 g Kokosflocken
500 g Naturjoghurt
4 EL Leinsamen
1 EL Honig
1 Pck. Powerbällchen Marillen
6 EL Haferflocken

Nährwerte p. P.

887 kcal
75 g Kohlenhydrate
43 g Fett
38 g Eiweiß

1 Die Kokosflocken ohne Zugabe von Fett in einer Pfanne rösten. Wenn diese leicht braun werden, die Pfanne beiseitestellen und abkühlen lassen.

2 Den Joghurt mit ⅔ der gerösteten Flocken vermengen. Honig dazugeben, umrühren und in zwei Schüsseln füllen.

3 Die Powerbällchen auf dem Brei verteilen. Abschließend mit dem Leinsamen, den übrigen Kokosflocken und den Haferflocken garnieren.

SMOOTHIE-BOWL MIT PORRIDGE

1 Port. 20 Min. Leicht

Zutaten

175 ml Pflanzendrink
4 EL Haferflocken
1 Banane
Toppings nach eigenem Geschmack
100 g TK-Himbeeren

Nährwerte p. P.

299 kcal
47 g Kohlenhydrate
5 g Fett
10 g Eiweiß

1 Übergießen Sie die Haferflocken in einer Schüssel mit 125 ml der ausgewählten Pflanzenmilch, decken Sie sie ab und lassen Sie das Ganze über Nacht aufquellen.

2 In einem Mixer die Himbeeren mit der Banane und 50 ml Pflanzenmilch pürieren.

3 Diesen Smoothie auf dem Porridge verteilen und mit Kokosflocken, Obstscheiben oder allem, was Ihnen schmeckt, garnieren.

PFLAUMEN-BOWL

1 Port.

15 Min.

Leicht

Zutaten

150 ml Milch
35 g Haferflocken
1 TL Agavendicksaft
75 g Pflaumen
½ TL Zucker
½ TL Zimt
1 Granatapfel
2 EL Mandelblättchen

Nährwerte p. P.

547 kcal
67 g Kohlenhydrate
21 g Fett
16 g Eiweiß

1 Die Haferflocken mit der Milch und dem Agavendicksaft aufkochen und anschließend bei niedriger Temperatur vier Minuten weiterköcheln lassen.

2 Entsteinen Sie die Pflaumen, schneiden Sie sie klein und verteilen Sie diese mit den Granatapfelkernen auf dem Porridge.

3 Zimt und Zucker darüberstreuen und die Mandelblättern darübergeben.

PINK-BOWL

2 Port.

20 Min.

Leicht

Zutaten

250 ml Haferdrink
80 g zarte Haferflocken
100 g Heidelbeeren
50 g Brombeeren
100 g Kirschen
100 g TK-Himbeeren
1 Banane
½ Vanilleschote
2 TL Chiasamen
3 EL Agavendicksaft
essbare Blüten

Nährwerte p. P.

399 kcal
68 g Kohlenhydrate
7 g Fett
9 g Eiweiß

1 Einen Tag zuvor bereits die Haferflocken in etwas Haferdrink einlegen und quellen lassen.

2 Die Kirschen entsteinen, die Banane in Stücke schneiden und zusammen mit den Haferflocken, Himbeeren, Haferdrink, Agavendicksaft und dem Vanillemark pürieren.

3 Diesen Brei abschließend mit den restlichen Früchten garnieren und mit Blüten und Chiasamen bestreuen.

Brote und Brotaufstriche

HAFERSTANGENBROT

3 Port.

1,5 Std.

Leicht

Zutaten

40 g frische Hefe
750 g Mehl
250 g kernige Haferflocken
5 g Zucker
½ Liter lauwarme Milch
60 g Butter
20 g Salz
1 Ei

Nährwerte p. P.

1445 kcal
236 g Kohlenhydrate
32 g Fett
45 g Eiweiß

1 In einer Schüssel das Mehl zu einer kleinen Mulde bilden. Hefe kleinbröckeln und zusammen mit Milch und Zucker in die vorbereitete Mulde geben. Nun die Haferflocken dazugeben und das Salz am Rand der Schüssel verteilen. Den Teig für 20 – 30 Minuten abgedeckt ruhen lassen.

2 Das Ei und die Butter untermischen und verkneten. Erneut für 20 - 30 Minuten ruhen lassen.

3 Die Arbeitsfläche mit Mehl bestreuen und aus dem Teig drei Kugeln formen. Daraus dann längliche Brote formen.

4 Ein Backblech einfetten und die Brote darauf verteilen. Milch darauf pinseln, abdecken und erneut für 15 Minuten ruhen lassen.

5 Nun die Brote 8 - 10 Mal quer ein wenig einschneiden. Erneut mit Milch bepinseln und bei 220 °C Ober-/Unterhitze für 20 – 25 Minuten backen.

IRISCHES HAFERBROT

18 Port.

50 Min.

Leicht

Zutaten

250 g Mehl
250 g Haferflocken
1 Pck. Backpulver
375 ml Milch
Prise Salz

Nährwerte p. P.

920 kcal
39 g Kohlenhydrate
2 g Fett
8 g Eiweiß

1 Die Haferflocken mit dem Mehl mischen und mit Salz würzen.

2 Die Milch dazugießen, das Backpulver hineingeben und alles zu einem Teig verkneten. Anschließend in eine Kastenform füllen.

3 Den Backofen auf 175 °C Umluft vorheizen. Das Brot für 40 Minuten backen. Zum Schluss für fünf Minuten die Grillfunktion einstellen.

HAFERKNOTEN

12 Stk.

50 Min.

Mittel

Zutaten

Für den Vorteig:
200 g Wasser
50 g Roggenmehl
150 g Weizenmehl 550
2 g Hefe

Für den Teig:
100 g Weizenmehl 1050
250 g Weizenmehl 550
100 g Vollkorn-Weizenmehl
10 g Hefe
230 g Wasser
14 g Salz
10 g Honig
80 g Haferflocken

Nährwerte p. P.

2551 kcal
519 g Kohlenhydrate
12 g Fett
76 g Eiweiß

1 Den Vorteig aus den Zutaten herstellen und zudecken. Über Nacht ruhen lassen.

2 Die Haferflocken in einer Pfanne ohne Öl anrösten.

3 Alle Mehle vermengen und die übrigen Zutaten gemeinsam mit den Haferflocken und dem Vorteig dazugeben und verkneten. Den Teig eine Stunde lang gehen lassen.

4 Aus dem Teig zwölf Teile formen und Rollen daraus bilden. Jede Rolle zu einem Knoten legen. Den unteren Strang nach oben ziehen und in der Mitte andrücken. Den übrigen Strang von unten durchstecken

5 Auf dem Backblech die Knoten für 1,5 Stunden ruhen lassen.

6 Den Backofen vorheizen (Ober-/Unterhitze 220 °C). Die Knoten für 20 - 25 Minuten backen.

BANANENBROT

12 Port.

55 Min.

Leicht

Zutaten

200 g Mehl
3 reife Bananen
100 g Haferflocken
125 ml Sojadrink
40 g Rapsöl
50 g Rohrzucker
50 g Süßstoff
1 TL Natron
2 TL Backpulver

Nährwerte p. P.

170 kcal
28 g Kohlenhydrate
4 g Fett
3 g Eiweiß

1 Heizen Sie den Backofen auf 180 °C Ober-/Unterhitze vor.

2 Die Bananen mit einer Gabel zerdrücken. Alle übrigen Zutaten dazugeben und zu einem Teig vermengen.

3 Eine Kastenform mit Backpapier auskleiden und den Teig hineinfüllen.

4 Das Brot für 50 Minuten backen.

SONNENBLUMEN-HAFER-BROT

1 Brot 1,5 Std. Leicht

Zutaten

100 g geschroteter Leinsamen
100 g Sonnenblumenkerne
10 g Salz
100 g Walnusskerne
40 g gemahlene Flohsamenschalen
140 g zarte Haferflocken
400 ml Wasser

Nährwerte p. P.

2371 kcal
115 g Kohlenhydrate
159 g Fett
77 g Eiweiß

1 Die Haferflocken mit den Walnusskernen, Leinsamen, Flohsamen und Salz vermengen. Wasser dazugeben und alles zu einem glatten Teig verarbeiten. Den Teig abdecken und für drei Stunden gehen lassen.

2 Den Backofen auf 200 °C Ober-/Unterhitze vorheizen. Backpapier auf ein Backblech legen. Kneten Sie den Teig nochmals gut durch und formen Sie einen länglichen Laib Brot. Diesen auf das Blech legen und 40 Minuten backen.

HAFERFLOCKEN-QUARK-BROT

1 Port.

1 Std.
5 Min.

Leicht

Zutaten

500 g kernige Haferflocken
500 g Magerquark
3 Eier
1 TL Salz
1 Apfel
2 Pck. Backpulver

Nährwerte p. P.

2527 kcal
347 g Kohlenhydrate
52 g Fett
158 g Eiweiß

1 Die Eier mit einem Schneebesen aufschlagen.

2 Den Apfel reiben und mit dem Quark unter die Eier heben. Backpulver, Salz und Haferflocken hineingeben und gut durchkneten.

3 Legen Sie eine Kastenform mit Backpapier aus und füllen Sie den Teig hinein. Für 50 Minuten bei 180 °C Umluft backen.

HAFERFLOCKEN-PFANNENBROT

2 Port.

45 Min.

Leicht

Zutaten

1 TL italienische Kräuter
180 g feine Haferflocken
1 TL Backpulver
Prise Pfeffer
½ TL Meersalz
250 ml Wasser
Prise Knoblauchpulver

Nährwerte p. P.

329 kcal
62 g Kohlenhydrate
18 g Fett
17 g Eiweiß

1 Die gesamten Zutaten in einem Mixer pürieren und für 30 Minuten gehen lassen.

2 Eine Pfanne ohne Zugabe von Fett erhitzen. Die Stufe herunterdrehen und einen EL Teig hineingeben und ausbacken. Nach vier Minuten das Pfannenbrot wenden. Mit dem übrigen Teig ebenfalls weitere Pfannenbrote ausbacken.

HAFERFLOCKEN-KNÄCKEBROT

1 Port.

1 Std. 10 Min.

Leicht

Zutaten

50 g Weizen-Vollkornmehl
100 g zarte Haferflocken
1 TL Salz
300 ml Wasser
100 g Saaten (Kürbiskerne, Sonnenblumenkerne usw.)

Nährwerte p. P.

1114 kcal
100 g Kohlenhydrate
57 g Fett
41 g Eiweiß

1 Vermischen Sie die Haferflocken mit dem Wasser und dem Mehl. Diese Masse für 60 Minuten gehen lassen. Die übrigen Zutaten hinzufügen.

2 Den Teig auf einem mit Backpapier ausgelegtem Backblech dünn verteilen.

3 Den Backofen auf 180 °C Ober-/Unterhitze vorheizen und das Ganze für 15 Minuten backen.

4 Die Brotscheiben herausschneiden und erneut für 45 Minuten backen.

HAFERFLOCKENAUFSTRICH

4 Port.

13 Min.

Leicht

Zutaten

100 g Haferflocken
Prise Curry
6 EL Hefeflocken
5 Prisen Majoran
2 Knoblauchzehen
1 Schuss Kürbiskernöl
1 Zwiebel
1 Schuss Wasser
1 Schuss Sojasauce

Nährwerte p. P.

144 kcal
17 g Kohlenhydrate
6 g Fett
4 g Eiweiß

1 Die Haferflocken in kaltem Wasser aufweichen und mit allen übrigen Zutaten pürieren.

MEERRETTICH-HAFER-AUFSTRICH

4 Port.

20 Min.

Leicht

Zutaten

100 ml Gemüsebrühe
1 Zwiebel
50 g Hafermehl
1 EL Meerrettich
50 g Butter
1 EL Haferflocken
½ TL Zitronensaft
Salz

Nährwerte p. P.

1122 kcal
18 g Kohlenhydrate
19 g Fett
7 g Eiweiß

1 Die geschälte Zwiebel fein hacken und in der Gemüsebrühe andünsten. Den Topf beiseitestellen und das Mehl hineinrühren.

2 Zitronensaft, Salz und Meerrettich untermischen. Abschließend Haferflocken und Butter dazugeben.

HAFER-MÖHREN-AUFSTRICH

15 Port.

15 Min.

Leicht

Zutaten

2 Möhren
2 Zwiebeln
100 ml Wasser
110 g Süßrahmbutter
5 Prisen Salz
½ Bund Dill
½ TL Gemüsebrühe
100 g Haferflocken

Nährwerte p. P.

62 kcal
1 g Kohlenhydrate
6 g Fett
0 g Eiweiß

1 Die geschälte Zwiebel fein hacken. Die geschälten Möhren raspeln. Den Dill kleinschneiden.

2 In einem Topf 10 g Butter schmelzen lassen und die Zwiebeln darin andünsten. Die Gemüsebrühe und das Wasser dazugeben und zum Kochen bringen.

3 Den Topf beiseitestellen und die Haferflocken unterrühren. So lange rühren, bis es ein Kloß wird und sich vom Boden löst. Die übrige Butter dazugeben und verrühren. Dill und Möhre unterheben und mit Salz würzen.

VEGANES ZWIEBELMETT

 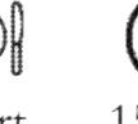 

4 Port. 15 Min. Leicht

1 Vermengen Sie alle Zutaten miteinander. Würzen sie die Masse mit Pfeffer und Salz.

Zutaten

10 g Tomatenmark
2 g Rapsöl
Salz und Pfeffer
10 g fein gehackte Zwiebeln
125 g Hafergrütze

Nährwerte p. P.

137 kcal
18 g Kohlenhydrate
4 g Fett
4 g Eiweiß

Tipp: Wer den Geschmack gerne wurstiger haben möchte, erreicht dies mit Hilfe von Rauchsalz, Majoran, Thymian und Pfeffer.

KAKAO-HAFER-HUMMUS

2 Port.

25 Min.

Leicht

Zutaten

5 getrocknete Datteln
1 Dose Kichererbsen
1 TL Kakaopulver
1 EL Erdnussmus
200 ml Bio Haferdrink Schoko
3 EL Instant Haferflocken

Nährwerte p. P.

240 kcal
37 g Kohlenhydrate
6 g Fett
6 g Eiweiß

1 Die Flüssigkeit der Kichererbsen abgießen.

2 Alle übrigen Zutaten mit den Kichererbsen pürieren.

Suppen

HAFERFLOCKENSUPPE

 2 Port.

 15 Min.

 Leicht

Zutaten

2 EL Butter
6 EL Haferflocken
500 ml Gemüsesuppe
1 Bund Dill

Nährwerte p. P.

267 kcal
22 g Kohlenhydrate
16 g Fett
7 g Eiweiß

1 Den gewaschenen Dill ganz fein hacken.

2 In einem Topf die Butter schmelzen und die Haferflocken dann unter Rühren dazugeben. So lange weiterrühren, bis die Haferflocken goldgelb sind.

3 Löschen Sie die Haferflocken mit der Gemüsebrühe ab, kochen Sie die Suppe einmal auf und stellen Sie diese dann zur Seite, damit Sie weitere fünf Minuten ziehen kann.

HAFER-KOHLRABI-SUPPE

4 Port.

40 Min.

Leicht

Zutaten

750 ml Gemüsebrühe
Prise Pfeffer
5 EL Haferflocken
450 g Kohlrabi
1 Zwiebel
Prise Salz
100 ml veganer Rahm
1 EL Rapsöl

Nährwerte p. P.

317 kcal
24 g Kohlenhydrate
19 g Fett
9 g Eiweiß

1 Die Kohlrabis schälen und in kleine Würfel schneiden.

2 Die geschälte Zwiebel fein hacken.

3 Das Öl in einer Pfanne erhitzen und die Zwiebelwürfelchen darin andünsten. Die Kohlrabiwürfel und die Haferflocken hinzufügen und mitbraten. Mit der Gemüsebrühe ablöschen. Setzen Sie einen Deckel darauf und lassen Sie das Ganze für 25 Minuten köcheln.

4 Abschließend alles pürieren und den Rahm dazugeben. Mit den Gewürzen abschmecken.

HAFERSUPPE APPENZELLER ART

4 Port.

40 Min.

Leicht

Zutaten

1 EL Mehl
40 g Margarine
3 EL Haferflocken
½ Stange Lauch
1 l Fleischbrühe
½ Bund Petersilie
20 g Butter
⅛ l Sahne
1 Bund Schnittlauch
4 EL geriebener Käse

Nährwerte p. P.

349 kcal
10 g Kohlenhydrate
27 g Fett
14 g Eiweiß

1 Die Margarine in einem Topf erhitzen. Das Mehl und die Haferflocken dazugeben und ein wenig anrösten. Gelegentlich umrühren.

2 Den Lauch gut waschen und in feine Ringe schneiden. Ebenfalls in den Topf geben.

3 Die Petersilie fein hacken und hinzufügen. Alles mit der Fleischbrühe ablöschen. Regelmäßig umrühren und 20 Minuten köcheln lassen. Den Topf herunternehmen und die Sahne untermengen.

4 Auf die Suppenschüsseln verteilen, mit dem Käse bestreuen und mit 1 TL Butter garnieren. Den Schnittlauch in feine Ringe schneiden und darüberstreuen.

LAUCHRAHMSUPPE MIT HAFER

6 Port. 30 Min. Leicht

Zutaten

1 Knoblauchzehe
1 Staudensellerie
1 Lauchstange
2 große Kartoffeln
1 l Haferdrink
Olivenöl
Petersilie und Thymian
Salz und Pfeffer

Nährwerte p. P.

184 kcal
29 g Kohlenhydrate
4 g Fett
5 g Eiweiß

1 Schneiden Sie den Sellerie, den Lauch und den Knoblauch in Streifen. Mit etwas Öl in einem Topf andünsten.

2 Die Kartoffeln schälen und in Stücke schneiden. Mit dem Thymian und dem Haferdrink zum Gemüse in den Topf geben. Auf niedriger Stufe 25 Minuten köcheln lassen.

3 Mit einem Stabmixer pürieren und würzen und mit gehackter gehackter Petersilie garnieren.

KOKOS-HAFERBREI

6 Port.

25 Min.

Leicht

Zutaten

1 TL geriebene Zitronenschale
1 l Haferdrink Vanille
2 Zimtstangen
150 g Haferflocken
5 EL Kokosflocken
¼ TL Kurkuma
1 EL Weizenkeime
frische Minze
¼ TL Safranfäden
¼ TL gemahlener Kardamom
¼ TL Kurkuma

Nährwerte p. P.

535 kcal
83 g Kohlenhydrate
14 g Fett
13 g Eiweiß

1 Die Haferflocken im Haferdrink einlegen und aufkochen lassen. Alle übrigen Zutaten untermischen. Die Hitze herunterdrehen und noch weitere zehn Minuten köcheln lassen. Regelmäßig umrühren.

2 Die Herdplatte ausschalten und den Brei gleichmäßig auf die Schüsseln verteilen. Mit Zimtstangen und Minze garnieren.

Fingerfood/Snacks

PROTEIN-HAFERRIEGEL

1 Port.

40 Min.

Leicht

Zutaten

50 g Leinsamen
100 g Mandeln
200 g Haferflocken
300 ml Milch
150 g Proteinpulver
50 g Honig

Nährwerte p. P.

2383 kcal
191 g Kohlenhydrate
96 g Fett
187 g Eiweiß

1 In einer Schüssel alle Zutaten miteinander vermengen und für fünf Minuten ruhen lassen.

2 Die Masse auf einem mit Backpapier ausgelegtem Backblech verteilen und für 20 - 30 Minuten bei 150 °C Umluft backen.

3 Riegel herausschneiden.

ERDNUSS-ROSINEN-RIEGEL

20 Stk.

35 Min.

Leicht

Zutaten

30 g Butter
½ Orange
100 g ungesalzene Erdnüsse
150 g kernige Haferflocken
30 g Zucker
100 g Honig
50 g Rosinen

Nährwerte p. P.

992 kcal
123 g Kohlenhydrate
42 g Fett
24 g Eiweiß

1 Pressen Sie die Orange aus und hacken Sie die Erdnüsse grob.

2 In einem Topf den Zucker mit der Butter und dem Honig erwärmen. Der Zucker muss schmelzen.

3 Die Haferflocken mit einem TL Orangensaft und den Erdnüssen verrühren, in den Topf hineingeben und leicht anrösten. Die Rosinen dazugeben.

4 Den Backofen auf 150 °C Ober-/Unterhitze vorheizen.

5 Legen Sie ein Backblech mit Backpapier aus und verteilen Sie die Masse mit einem Teigschaber darauf. Das Ganze nun für 10 - 15 Minuten backen.

6 Den noch nicht abgekühlten Teig dann in Riegel schneiden und anschließend komplett auskühlen lassen.

HAFER-PASTINAKEN-STICKS

4 Port.

1 Std. 50 Min.

Mittel

Zutaten

100 g Möhren
400 g Pastinaken
220 ml Mineralwasser
180 g Haferflocken
1 Zwiebel
35 g Mandeln
1 TL Salz
1 TL Pfeffer
50 g Sesam
1 EL Koriander
2 - 3 Petersilienzweige

Nährwerte p. P.

432 kcal
59 g Kohlenhydrate
14 g Fett
19 g Eiweiß

1 Weichen Sie die Haferflocken in Mineralwasser ein. Die geschälten Möhren und die Pastinaken fein reiben und unter die Haferflocken mischen.

2 In einer Pfanne die Mandeln ohne Öl anrösten. Die Zwiebel und die Petersilie hacken. Beides unter die Haferflocken geben und gut vermengen. Würzen Sie mit Pfeffer, Salz und Koriander. Für 60 Minuten gehen lassen.

3 Heizen Sie den Backofen auf Ober-/Unterhitze 180 °C vor.

4 Aus der Haferflockenmasse ungefähr 20 Sticks formen und im Sesam wenden.

5 Die Sticks für 30 Minuten backen und für die letzten 3 - 5 Minuten die Grillfunktion einschalten.

BANANEN-HAFERRIEGEL MIT HIMBEEREN

12 Stk. 30 Min. Leicht

Zutaten

200 g feine Haferflocken
2 sehr reife Bananen
2 Eier
2 EL Rapsöl
2 TL Backpulver
40 g gemahlene Mandeln
Prise Salz
150 g TK-Himbeeren
1 TL Zimt

Nährwerte p. P.

130 kcal
13 g Kohlenhydrate
6 g Fett
4 g Eiweiß

1 Zerdrücken Sie die Bananen mit einer Gabel. Vermischen Sie diese mit den Eiern und dem Rapsöl.

2 Mandeln, Haferflocken, Backpulver, Zimt und Salz hinzugeben. Abschließend die gefrorenen Himbeeren dazugeben und verrühren.

3 Ein Backblech mit Backpapier auslegen und die Hafermasse darauf 1 cm dick verstreichen.

4 Den Backofen auf Umluft 170 °C vorheizen. Die Riegelmasse für 22 Minuten backen.

5 Alles gut abkühlen lassen und Riegel daraus schneiden.

HAFERFLOCKEN-KUGELN

 2 Port.  20 Min. 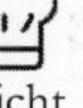 Leicht

Zutaten

150 ml Pflanzenmilch
200 g Haferflocken
100 ml Agavendicksaft
150 g gemahlene Haselnüsse
50 g Erdnussmus
50 g gepuffter Amaranth
je 1 TL Zimt und Orangenschale
2 TL Lebkuchengewürz
Kokosblütenzucker
1 Pck. Vanillin

Nährwerte p. P.

1299 kcal
128 g Kohlenhydrate
67 g Fett
37 g Eiweiß

1 Haferflocken mahlen und mit dem Amaranth und den Haselnüssen vermischen.

2 Die übrigen Zutaten bis auf den Kokosblütenzucker hinzugeben und alles gut verkneten. Gleichgroße Kugeln formen.

3 Vor dem Servieren einmal durch den Kokosblütenzucker rollen.

ENERGYBALLS

15 Stk.

25 Min.

Leicht

Zutaten

800 g Crunchy Erdnussbutter
100 g Haferflocken
3 EL Wasser
1 EL Agavendicksaft
25 g Zartbitterschokolade 85 %

Nährwerte p. P.

374 kcal
13 g Kohlenhydrate
28 g Fett
14 g Eiweiß

1 Hacken Sie die Schokolade klein.

2 Die gesamten Zutaten miteinander vermischen und zu einem Teig kneten. Kleine Bällchen formen.

KÜRBISECKEN

18 Port.

1 Std. 20 Min.

Leicht

Zutaten

2 Paprika
850 g Kürbis
250 g Mozzarella
4 Eier
200 ml Milch
200 g Mais
200 g Magerquark
1 Pck. Backpulver
5 EL Keimöl
200 g Mehl
1 Ei
140 g Haferflocken
Salz

Nährwerte p. P.

167 kcal
19 g Kohlenhydrate
8 g Fett
8 g Eiweiß

1 Den Backofen auf 200 °C Ober-/Unterhitze vorheizen.

2 Die Paprika und den Kürbis entkernen und würfeln. In Öl anbraten, salzen und pfeffern.

3 Den Teig aus Ei, Salz, Quark und Öl zubereiten. Nach und nach die Haferflocken untermengen und das Backpulver hineingeben. Den Teig auf einem gefetteten Backblech ausbreiten und einen Rand hochziehen.

4 Den Mozzarella in kleine Stücke rupfen und mit dem Mais sowie den Kürbis- und Paprikawürfeln vermischen. Diesen Mix auf dem Teig verteilen.

5 Die Eier mit der Milch verquirlen, salzen und pfeffern. Diese Sauce über die den belegten Teig gießen.

6 Für 30 - 40 Minuten backen. Anschließend in Ecken schneiden.

MÖHREN-HAFERFLOCKEN-CRACKER

2 Port. 45 Min. Leicht

Zutaten

1 EL Tahin
2 Möhren
50 g Sonnenblumenkerne
70 g Haferflocken
30 g Leinsamen
5 EL Kokosöl
Salz und Pfeffer
2 TL Harissa
2 EL Tomatenmark
grobes Meersalz

Nährwerte p. P.

455 kcal
34 g Kohlenhydrate
25 g Fett
15 g Eiweiß

1 Den Backofen auf 180 °C Ober-/Unterhitze vorheizen.

2 Den Leinsamen mit den Haferflocken und den Sonnenblumenkernen in einem Mixer zerkleinern.

3 Die Möhren reiben und alle Zutaten miteinander verkneten.

4 Ein Backpapier auf ein Backblech legen und die Hafermasse darauf verteilen. 15 Minuten im Ofen backen.

5 Einmal die Ofentür öffnen, auf Umluft umschalten und weitere 10 - 15 Minuten backen.

6 Die Cracker herausschneiden oder grob brechen.

QUINOA-HAFER-CRACKER

50 Stk. 25 Min. Leicht

Zutaten

50 g gepuffte Quinoa
200 g feine Haferflocken
30 g geschroteter Leinsamen
1 TL Salz
200 ml heißes Wasser
1 EL Olivenöl
100 g Sonnenblumenkerne

Nährwerte p. P.

25 kcal
3 g Kohlenhydrate
1 g Fett
1 g Eiweiß

1 Die Sonnenblumenkerne fein hacken und mit den Haferflocken vermengen. Salz, Quinoa und Leinsamen dazugeben und das Ganze mit dem Olivenöl und heißem Wasser gut verkneten.

2 Backpapier auf eine Fläche legen, Masse daraufstreichen und nochmals Backpapier darüberlegen. Mit einem Nudelholz ausrollen. Mit einem Glas Cracker ausstechen.

3 Den Backofen auf 180 °C Umluft vorheizen.

4 Ein Backblech mit Backpapier auslegen. Die ausgestochenen Cracker darauf verteilen. Optional mit Oliven, Meersalz oder Kräutern bestreuen. 10 - 15 Minuten backen.

KÄSE IM HAFERMANTEL

4 Port.

20 Min.

Leicht

Zutaten

2 EL Mehl
1 Ei
2 Tommes (Käse)
100 g Haferflocken

Nährwerte p. P.

368 kcal
20 g Kohlenhydrate
24 g Fett
16 g Eiweiß

1 Das Ei verquirlen. Haferflocken und Mehl in jeweils einen tiefen Teller geben.

2 Den Käse in Mehl wenden, dann in das Ei tunken und in den Haferflocken rundherum wenden.

3 In einer Pfanne etwas Öl erhitzen und den panierten Käse rundherum anbraten.

HAFERFLOCKEN-KOHLRABI-TALER

2 Port.

45 Min.

Mittel

Zutaten

1 EL Curry
1 Kohlrabi
Salz und Pfeffer
1 Ei
100 g Haferflocken
2 EL gehackte Petersilie
Sonnenblumenöl

Nährwerte p. P.

255 kcal
35 g Kohlenhydrate
6 g Fett
11 g Eiweiß

1 Schälen Sie den Kohlrabi und raspeln Sie ihn anschließend grob. Diese Raspeln mit 1 TL Salz vermengen und für 30 Minuten stehenlassen.

2 Die Raspeln ausdrücken, mit allen übrigen Zutaten verrühren sowie salzen und pfeffern. Aus dieser Masse Taler formen und in den Haferflocken wenden.

3 Erhitzen Sie 5 EL Öl in einer Pfanne und braten Sie die Taler an.

ZITRONENHAFER MIT SAIBLING

4 Port.

30 Min.

Mittel

Zutaten

1 TL Honig
4 Filets vom Saibling
250 g Gurke
100 g Haferflocken
Zitronensaft einer Zitrone
2 Zwiebeln
2 EL gehackte Kräuter (Petersilie, Minze, Dill)
2 EL Hanfsamen
½ TL Zitronenabrieb
2 EL Naturjoghurt
Pfeffer und Salz

Nährwerte p. P.

126 kcal
20 g Kohlenhydrate
2 g Fett
4 g Eiweiß

1 Legen Sie die Haferflocken über Nacht in kaltes Wasser ein. Darauffolgend kochen Sie sie für 25 Minuten weich.

2 Die geschälte Gurke der Länge nach halbieren, entkernen und fein würfeln. Die Zwiebeln ebenfalls fein würfeln.

3 Den Joghurt mit den Kräutern, dem Honig, dem Zitronensaft und der abgeriebenen Schale und dem Hanföl vermengen und mit Salz und Pfeffer würzen.

4 Die Haferflocken abgießen, mit kaltem Wasser übergießen und abtropfen lassen. Die Marinade gemeinsam mit dem Gemüse und den Haferflocken vermischen.

5 Das Saiblingsfilet in feine Scheiben schneiden und auf dem Teller anrichten. Etwas Hanföl darüberträufeln und eine Prise Salz darübergeben. Ohne Zugabe von Öl die Hanfsamen anrösten.

6 Das Hafergemüse neben dem Fisch anrichten und mit den Kräuterjoghurt und den Hanfsamen dekorieren.

Hauptspeise mit Fleisch

HAFERZUCCHINI MIT HÄHNCHEN

6 Port. 30 Min. Mittel

Zutaten

1 Zwiebel
1 kg Zucchini
1 Möhre
50 ml Öl
50 ml passierte Tomaten
300 g Hähnchenfleisch
Salz, Paprikapulver und Pfeffer
160 g eingeweichtes Haferkorn

Nährwerte p. P.

816 kcal
Kohlenhydrate 63 g
Eiweiß 55 g
Fett 35 g

1 Schneiden sie jegliches Gemüse in kleine Stücke.

2 Das Haferkorn gut durchwaschen und das Fleisch ebenfalls in Stücke schneiden.

3 Öl in einem Topf erhitzen und zunächst die Zwiebel andünsten und die Möhre anbraten. Die Zucchini und die passierten Tomaten hinzufügen, umrühren und mit Wasser bedecken. Sobald das Wasser kocht, das Fleisch und den Hafer hineingeben, gut umrühren und würzen. Nun 30 Minuten kochen lassen und hin und wieder umrühren.

KOTELETT IN HAFERFLOCKEN

4 Port.

20 Min.

Leicht

Zutaten

50 g Haferflocken
4 Schweinekoteletts
Salz und Pfeffer
Paprika rosenscharf
1 verquirltes Ei
etwas Öl

Nährwerte p. P.

265 kcal
8 g Kohlenhydrate
13 g Fett
27 g Eiweiß

1 Das Fleisch waschen und abtupfen. Beidseitig mit Pfeffer, Paprika und Salz würzen. Die Fleischstücke ins Ei legen und dann in den Haferflocken wälzen.

2 Öl in einer Pfanne erhitzen, danach die Hitze auf die mittlere Stufe herunterdrehen und beidseitig anbraten.

FASCHIERTER BRATEN MIT HAFER

1 Port.

1 Std. 25 Min.

Mittel

Zutaten

240 g gekochte Linsen
660 g Rinder-Faschiertes
2 Eier
60 g Hafermark
2 Zwiebeln
2 EL gehackte Petersilie
1 EL Salz
2 Knoblauchzehen
1 TL Pfeffer
500 ml Brühe
3 EL Semmelbrösel
1 TL Majoran

Nährwerte p. P.

2354 kcal
202 g Kohlenhydrate
51 g Fett
254 g Eiweiß

1 Vermischen Sie alle Zutaten außer den Semmelbröseln miteinander. Sobald diese Masse gut in Form bleibt, ist sie richtig. Dieses Stück rundherum in Semmelbrösel wenden und in eine Bratenform hineingeben. 4 cm Suppe aufgießen.

2 Bei 180 °C Umluft für 75 Minuten braten.

PILZ-HÄHNCHEN-PORRIDGE

 2 Port.

 20 Min.

 Mittel

Zutaten

90 g feine Haferflocken
400 ml Hühnerbrühe
Salz und Pfeffer
Sojasauce
130 g Hähnchenbrustfilet
400 g Champignons

Nährwerte p. P.

282 kcal
28 g Kohlenhydrate
5 g Fett
26 g Eiweiß

1 Öl in einer Pfanne erhitzen und das Fleisch anbraten. Anschließend in Würfel schneiden.

2 Die Pilze abbürsten und Scheiben daraus schneiden.

3 Die Hühnerbrühe in einem Topf aufkochen und dann die Hitze herunterdrehen. Die Pilze, das Hähnchen und die Haferflocken hineingeben und für fünf Minuten kochen. Hierbei durchgehend umrühren.

4 Mit den Gewürzen und der Sojasauce abschmecken.

LAMM-HAFERBREI

6 Port. 1,5 Std. Leicht

Zutaten

2 Zwiebeln
400 g Lammkeule mit Knochen
Meersalz
250 g Haferflocken
Butterschmalz
1 TL Zimt

Nährwerte p. P.

238 kcal
26 g Kohlenhydrate
5 g Fett
19 g Eiweiß

1 Die Lammkeule abwaschen und das Fett entfernen.

2 Die geschälten Zwiebeln in grobe Stücke schneiden.

3 Die Haferflocken in einem tiefen Topf mit dem Fleisch, 1,5 TL Salz, dem Zimt und den Zwiebeln in zwei Liter Wasser einlegen. Einen Deckel aufsetzen und auf mittlerer Stufe aufkochen. Anschließend zehn Minuten köcheln lassen. Die Hitze dann herunterdrehen und weitere drei Stunden köcheln lassen.

4 Das Fleisch herausnehmen, vom Knochen lösen und kleinstampfen.

5 Die Haferflocken pürieren und mit dem Fleisch verrühren. Erneut eine Stunde köcheln.

6 Den Brei gleichmäßig auf Schüsseln verteilen, geschmolzenes Butterschmalz darübergeben und Zimt darauf streuen.

HAFERFLOCKEN-CHICKENNUGGETS

2 Port. 30 Min. Leicht

Zutaten

150 g Haferflocken
1 Ei
40 g Mehl
Prise Salz und Pfeffer
½ TL Thymian
½ TL Majoran
Schuss Öl
1 EL Butterschmalz
250 g Hühnerfleisch

Nährwerte p. P.

501 kcal
58 g Kohlenhydrate
9 g Fett
41 g Eiweiß

1 Das Fleisch in die Größe von Nuggets schneiden. Auf einem tiefen Teller das Mehl verteilen, in einem zweiten tiefen Teller das Ei aufschlagen und in einem dritten tiefen Teller Salz, Pfeffer, Haferflocken, Thymian und Majoran vermengen.

2 Die Nuggets zunächst in Mehl, dann im Ei und zum Schluss in den Haferflocken wenden.

3 In einer Pfanne das Öl und das Butterschmalz erhitzen und die Nuggets rundherum anbraten.

HÄHNCHENBRUST IM HAFERFLOCKENMANTEL

2 Port.

15 Min.

Mittel

Zutaten

1 EL Mehl
2 Stk. Hähnchenbrust
Prise Salz
Prise Paprikapulver
2 EL Haferflocken
2 EL Paniermehl
1 Schuss Rapsöl
1 Ei
2 EL Petersilie
Prise Cayennepfeffer

Nährwerte p. P.

391 kcal
26 g Kohlenhydrate
15 g Fett
35 g Eiweiß

1 Das Fleisch flachklopfen.

2 Das Mehl mit dem Pfeffer und dem Paprikapulver verrühren und das Hähnchen damit einreiben.

3 Das Fleisch durch ein verquirltes Ei ziehen. Die Petersilie und die Haferflocken mit dem Paniermehl mischen und das Fleisch darin wenden.

4 Erhitzen Sie Öl in einer Pfanne und braten die Schnitzel goldbraun an.

Hauptspeise mit Fisch

FISCH IN HAFERFLOCKENMANTEL MIT ZUCCHININUDELN

4 Port.

30 Min.

Leicht

Zutaten

2 Eier
Salz und Pfeffer
4 Stk. Victoriaseebarschfilet
100 g Haferflocken
2 Zucchini
3 EL Pflanzenöl
2 EL Mehl
2 EL Panko
Zitronensaft

Nährwerte p. P.

379 kcal
28 g Kohlenhydrate
13 g Fett
37 g Eiweiß

1 Den Fisch säubern, mit viel Salz einreiben und mit Pfeffer würzen. Die Eier aufschlagen und verquirlen. In einen flachen Teller etwas Mehl geben, in einen weiteren Teller Haferflocken vermischt mit Panko. Wenden Sie den Fisch in Mehl, dann in Ei und abschließend in den Haferflocken.

2 In einer Pfanne 2 EL Öl erhitzen und den Fisch bei mittlerer Hitze anbraten. Diesen dann in Alufolie gepackt warmhalten.

3 Die gewaschenen Zucchini längs in schmale Streifen schneiden. Das übrige Öl ebenfalls in der Pfanne erhitzen und die Zucchininudeln dünsten. Etwas Zitronensaft darüberträufeln und salzen und pfeffern.

4 Fisch mit den Zucchininudeln anrichten.

FISCH-BOWL MIT LACHS UND AUBERGINEN

4 Port.

45 Min.

Mittel

Zutaten

1 Zitrone
200 g Hafer
Wasser
Salz und Pfeffer
5 EL Olivenöl
1 Schalotte
1 EL körniger Senf
1 TL Korianderkörner
1 TL Honig
2 EL schwarze Oliven
2 EL Kapern
½ TL Kurkuma
6 Stiele Kerbel
500 g Lachsfilet
600 g Auberginen
¼ Bund Schnittlauch

Nährwerte p. P.

520 kcal
36 g Kohlenhydrate
28 g Fett
31 g Eiweiß

1 Der Hafer waschen und in Salzwasser für 40 Minuten kochen.

2 Die Zitronenschale abreiben und Zitronensaft auspressen. Die geschälte Schalotte würfeln. Die Korianderkörner in einem Mörser mahlen. Erhitzen Sie 4 EL Öl in einem Topf und dünsten Sie darin die Schalotten gemeinsam mit dem Koriander. Nehmen Sie den Topf von der Herdplatte und fügen Sie Senf, Kurkuma, 4 EL Zitronensaft, Salz, Oliven, Honig und Pfeffer dazu.

3 Die geschälten Auberginen stifteln (ca. 2 x 4 cm). In einem Dampfgarer weichkochen. Die Auberginenstifte in der vorbereiteten Hafermasse einlegen und durchziehen lassen.

4 Das übrige Olivenöl erhitzen und die Kapern anbraten.

5 Den gesäuberten Lachs mit Zitronensaft beträufeln, pfeffern und salzen. Anschließend in einem Dampfgarer dünsten.

6 Die Kräuterblätter abzupfen und den Schnittlauch fein schneiden. Alles gemeinsam anrichten, die Kapern darüber verteilen.

KABELJAU IN HONIG-SENF-HAFERFLOCKEN

4 Port.

40 Min.

Mittel

Zutaten

60 g Paniermehl
60 g Haferflocken
30 g groben Senf
30 g Honig
Salz und Pfeffer
1 Eigelb
800 g Kabeljaufilet
30 ml Öl

Nährwerte p. P.

425 kcal
27 g Kohlenhydrate
14 g Fett
46 g Eiweiß

1 Vermischen Sie das Paniermehl, die Haferflocken, das Eigelb, den Senf, den Honig, das Öl, das Salz und den Pfeffer miteinander. Den Fisch mit Pfeffer und Salz würzen. Ein Backblech mit Backpapier auslegen und den Fisch darauflegen. Die Haferflockenmischung auf den Fischstücken verteilen.

2 Den Backofen auf 180 °C Ober-/Unterhitze vorheizen. Den Fisch auf der mittleren Schiene des Backofens für 18 Minuten garen.

THUNFISCHFRIKADELLEN

2 Port.

20 Min.

Leicht

Zutaten

100 g Magerquark
1 Dose Thunfisch
½ Bund Petersilie
50 g Haferflocken
1 Ei
Salz und Pfeffer
Öl

Nährwerte p. P.

259 kcal
21 g Kohlenhydrate
5 g Fett
31 g Eiweiß

1 Den Thunfisch abtropfen lassen.

2 Die Haferflocken mit dem Quark und dem Ei in einer Schüssel vermengen.

3 Die Petersilie fein hacken und ebenfalls in die Schüssel geben. Erneut verrühren. Mit Pfeffer und Salz würzen. Mit angefeuchteten Händen Frikadellen formen.

4 In einer Pfanne Öl erhitzen und die Frikadellen von allen Seiten anbraten. Auf einem Küchenpapier abtropfen lassen.

FISCHSTÄBCHEN IN HAFERFLOCKEN

6 Port. 25 Min. Leicht

Zutaten

1 Zwiebel
1,5 gehäufte EL Mehl
1 Ei
500 g Fischfilets
Gewürze nach Wahl
2 Knoblauchzehen
200 g extra feine Haferflocken
Öl

Nährwerte p. P.

110 kcal
5 g Kohlenhydrate
1 g Fett
18 g Eiweiß

1 Die Fischfilets säubern und pürieren.

2 Die geschälten Zwiebeln fein hacken und in einer Pfanne andünsten. Das Fischpüree hineingeben und für zehn Minuten braten. Pressen Sie die Knoblauchzehen und braten Sie diese mit an. Anschließend alles nochmals pürieren und gut abkühlen lassen.

3 Zum Fisch das Mehl, das Ei und die Gewürze geben und vermischen. Fischstäbchen formen und in den Haferflocken wälzen.

4 Öl in einer Pfanne erhitzen und die Fischstäbchen braten.

FISCH-GEMÜSE-FRIKADELLEN

4 Port.

1 Std. 5 Min.

Mittel

Zutaten

1 Möhre
1 EL Sojasauce
1 Zwiebel
600 g Fischfilet
70 ml Wasser
1 EL Stärke
1 EL Haferflocken
Salz und Pfeffer
3 EL Pflanzenöl

Nährwerte p. P.

220 kcal
4 g Kohlenhydrate
8 g Fett
30 g Eiweiß

1 Die Möhre reiben und in die Zwiebel fein würfeln. Beides für fünf Minuten anbraten. Die Sojasauce dazugießen und köcheln lassen. Die Sojasauce soll komplett verdunsten.

2 Den Fisch pürieren. Das Gemüse dazugeben und erneut pürieren. Mit Pfeffer und Salz würzen und Stärke und Haferflocken dazugeben. Die Masse gut durchmischen und 20 Minuten im Kühlschrank ziehen lassen.

3 Frikadellen formen und diese rundherum in einer Pfanne anbraten. Mit Wasser aufgießen und bei niedriger Stufe für zehn Minuten köcheln lassen.

THUNFISCH-ZWIEBEL-PIZZA

2 Port.

15 Min.

Leicht

Zutaten

4 EL Mandeln
4 EL Haferflocken
3 Schalotten
1 TL Oregano
4 EL gemahlene Mandeln
2 EL Olivenöl
1 Dose Tomaten
150 g Thunfisch
1 Ei
4 Eiweiß

Nährwerte p. P.

673 kcal
31 g Kohlenhydrate
42 g Fett
38 g Eiweiß

1 Die Haferflocken mit dem Ei, den Mandeln, dem Eiweiß und dem Oregano vermischen.

2 Heizen Sie den Backofen auf 275 °C Ober-/Unterhitze vor.

3 Eine Pfanne einfetten und die Hälfte des Teiges hineingeben. Rundherum anbraten. Den übrigen Teig ebenfalls herausbacken.

4 Die Schalotten schälen und kleinhacken und in der Pfanne glasig dünsten. Den Thunfisch zerrupfen.

5 Die Pizzaböden mit den Tomaten bestreichen und mit Thunfisch und Schalotten belegen. Etwas Olivenöl über jede Pizza träufeln. Oregano darüberstreuen. Für sieben Minuten in den Backofen geben.

Vegetarische Hauptspeise

PIKANTE HAFERBÄLLCHEN

4 Port. 45 Min. Leicht

Zutaten

1 Ei
150 g Haferflocken
40 g Zwiebeln
150 g Möhren
1 TL Salz
60 g geriebener Käse
1 Bund glatte Petersilie
1 TL Paprikapulver
1 TL Salz
1 TL Majoran
Pfeffer
75 ml Wasser
Öl

Nährwerte p. P.

208 kcal
25 g Kohlenhydrate
6 g Fett
10 g Eiweiß

1 Die Haferflocken mit ein wenig Pfeffer, Salz, Majoran und Paprikapulver vermengen. Das Ei und 75 ml Wasser dazugeben und mit einer Gabel vermischen. Den geriebenen Käse unterrühren.

2 Die geschälten Möhren raspeln, die Zwiebeln fein würfeln und die gewaschene Petersilie ebenfalls fein hacken. Alles zu den Haferflocken geben und verkneten.

3 Die Hände anfeuchten und aus der Masse 24 - 28 Bällchen formen. Die Bällchen für 20 Minuten kühlen.

4 In einer Pfanne Öl erhitzen und bei mittlerer Hitze die Bällchen für zehn Minuten anbraten. Mehrmals wenden.

AUBERGINEN IM HAFERFLOCKENMANTEL

 10 Port.
 20 Min.
 Leicht

Zutaten

5 g Meersalz
1,2 kg Auberginen
30 g Petersilien-Basilikum-Pesto
1 g Pfeffer
40 g Vollei
30 g Weizenmehl
200 g Haferflocken
Öl

Nährwerte p. P.

488 kcal
66 g Kohlenhydrate
15 g Fett
17 g Eiweiß

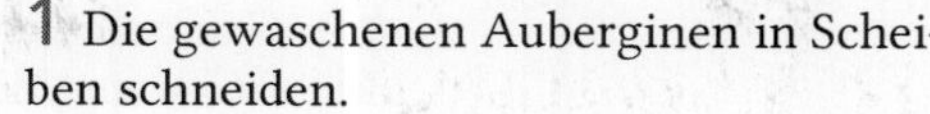

1 Die gewaschenen Auberginen in Scheiben schneiden.

2 Ein Backblech mit Backpapier auslegen und das Gemüse darauf verteilen. Anschließend salzen und pfeffern. Bei 190 °C Ober-/Unterhitze für fünf Minuten backen.

3 Die Auberginen mit Pesto bepinseln und zugedeckt über Nacht kühlen.

4 Am darauffolgenden Tag die Auberginenscheiben in Mehl, Ei und Haferflocken wenden und in Öl in einer Pfanne ausbraten.

HAFERFLOCKEN-HACKFLEISCH

2 Port.

35 Min.

Leicht

Zutaten

1 Ei
130 g Haferflocken
1 Zwiebel
Salz und Pfeffer
100 g geriebener Käse
1 - 2 EL Pflanzenöl
1 TL Paprikapulver
etwas Gemüsebrühe
130 ml Milch oder Pflanzenmilch

Nährwerte p. P.

500 kcal
45 g Kohlenhydrate
22 g Fett
26 g Eiweiß

1 Die geschälte Zwiebel fein würfeln.

2 Die Haferflocken in einer Schüssel mit Milch, Käse und Ei vermengen und mit Pfeffer, Salz, Paprikapulver und etwas Gemüsebrühe würzen. Vermischen Sie alles gut mit den Händen und für zehn Minuten stehen lassen.

3 Öl in einer Pfanne warm werden lassen und die Haferflockenmasse einfüllen. Für ein paar Minuten anbraten und sie dann mit einem Kochlöffel zerrupfen.

4 Die gewürfelte Zwiebel untermengen und mitbraten. Für eine Bolognese diese Masse unter die Soße rühren.

HAFERPUFFER

4 Port.

30 Min.

Leicht

Zutaten

1 EL Petersilie
1 kg Kartoffeln, mehlig
1 Zwiebel
2 Eier
Prise Salz
2 EL Öl
100 g Haferflocken

Nährwerte p. P.

380 kcal
58 g Kohlenhydrate
9 g Fett
11 g Eiweiß

1 Die Kartoffeln schälen und fein reiben. Die Zwiebel ebenfalls fein reiben. Salz, Eier, Haferflocken, Petersilie, Zwiebel und Kartoffeln vermischen.

2 Öl in einer Pfanne erhitzen und mit einem Löffeln Kleckse hingeben. Diese flachdrücken und rundherum anbraten. Auf ein Küchenpapier legen und abtropfen lassen.

PIKANTE HAFERPFANNE

1 Port.

15 Min.

Leicht

Zutaten

1 Tasse rote Paprikaschoten
1 Tasse zarte Haferflocken
1 kleine Zwiebel
2 kleine Möhren
½ kleiner Apfel
1 TL Kurkuma
1 TL Curry
125 ml Wasser
1 Ei
Salz und Pfeffer
Öl

Nährwerte p. P.

42 kcal
6 g Kohlenhydrate
0 g Fett
1 g Eiweiß

1 Apfel, Möhren und Paprika in kleine Stücke schneiden.

2 Öl in einer Pfanne erhitzen und die gehackte Zwiebel darin glasig dünsten. Die Haferflocken dazugeben und mit allen Gewürzen verrühren. Sind die Haferflocken leicht angeröstet, alles mit Wasser ablöschen und alle übrigen Zutaten (außer dem Ei) untermischen.

3 Die gesamte Menge nun leicht anbraten und bei Bedarf Wasser hinzufügen. Das Ei dazugeben und unter Rühren stocken lassen.

PROTEIN-POWER MIT LÖWENZAHN

4 Port. 40 Min. Leicht

Zutaten

4 EL Olivenöl
75 g Gouda
50 g kleine Zwiebeln
100 ml Sojamilch
150 g kernige Haferflocken
Salz und Pfeffer
1 TL Sojamehl
½ TL Kräuter der Provence
1 Msp. Paprika, edelsüß
250 g Champignons
300 g Tempeh
100 g Löwenzahn
30 g Sprossen
1 EL Sojasauce

Nährwerte p. P.

744 kcal
49 g Kohlenhydrate
45 g Fett
29 g Eiweiß

1 Die geschälten Zwiebeln fein hacken. Den Gouda reiben. Erhitzen sie 1 EL Öl in einer Pfanne und dünsten Sie die Zwiebeln darin an. Die Haferflocken hinzugeben und ein wenig anrösten. Immer wieder umrühren, damit die Flocken nicht anbrennen.

2 In einer großen Schüssel die Haferflocken mit dem Sojadrink, dem geriebenen Käse und dem Sojamehl vermischen. Mit Paprika, den Kräutern, Salz und Pfeffer würzen und für zehn Minuten aufquellen lassen. Währenddessen die Pilze in Scheiben schneiden und den Löwenzahn in Streifen.

3 Tempeh ebenfalls in Scheiben schneiden. Hier mit etwas Sojasauce und 1 EL Öl bepinseln. Den Haferflockenmix erneut in die Pfanne geben und so lange braten und wenden, bis es ganz krümelig wird. Tempeh nun in etwas Öl in einer zweiten Pfanne anbraten, den Löwenzahn und die Champignons dazugeben und mitanbraten. Alles gemeinsam salzen und pfeffern.

4 Die Haferflocken auf die Teller verteilen und mit dem Löwenzahn, den Pilzen und Tempeh garnieren. Die Sprossen ebenfalls darauf verteilen.

HAFERFLOCKEN DES ORIENTS

1 Port. 20 Min. Mittel

Zutaten

Wasser
1 TL Butter
70 g Haferflocken
1 Möhre
30 g Erbsen
35 g Rosinen
Kurkuma
Cayennepfeffer
Koriander
Ras el-Hanout Gewürz
Salz und Pfeffer

Nährwerte p. P.

430 kcal
71 g Kohlenhydrate
11 g Fett
12 g Eiweiß

1 Weichen Sie die Haferflocken in Wasser ein (ca. sechs Minuten). Danach das Wasser abgießen.

2 Die geschälte Möhre in kleine Stücke schneiden. Die Butter in einer Pfanne erwärmen und darin die Möhre und die Haferflocken anbraten.

3 1 TL Ras el-Hanout Gewürz untermengen und die Hitze herunterdrehen. ¼ TL Kurkuma, eine Prise Cayennepfeffer, Rosinen und Erbsen in die Pfanne geben und unter ständigem Rühren mitbraten.

4 Abschließend mit Salz und Pfeffer würzen. Den Koriander fein hacken und darüberstreuen.

MEDITERRANER HAFERSALAT

4 Port.

50 Min.

Leicht

Zutaten

2 gelbe Paprika
200 g Haferkörner
400 ml Wasser
250 g Kirschtomaten
1 Salatgurke
5 EL Olivenöl
1 Bund Minze
2 Knoblauchzehen
1 große Zitrone
150 g Feta-Käse
Salz und Pfeffer

Nährwerte p. P.

957 kcal
74 g Kohlenhydrate
56 g Fett
30 g Eiweiß

1 Rösten Sie die Haferkörner in einem Topf ohne Zugabe von Fett an. Mit 400 ml Wasser ablöschen, eine Prise Salz dazugeben und für 30 Minuten köcheln lassen. Hin und wieder umrühren und bei Bedarf Wasser nachfüllen.

2 Das gewaschene Gemüse in kleine Würfel schneiden, die Tomaten halbieren und die Minzblätter ebenfalls fein hacken.

3 Den Zitronensaft mit Öl vermischen und gut mit Salz und Pfeffer würzen. Den geschälten Knoblauch pressen und dazugeben. Die warmen Haferkörner untermischen, das Gemüse und die Minze dazugeben. Zerbröseln Sie nun den Feta-Käse und geben Sie ihn dazu.

SPINAT-PORRIDGE

2 Port.

20 Min.

Leicht

Zutaten

1 EL Rapsöl
½ Zwiebel
125 g Spinat
200 g Pilze
350 ml Gemüsebrühe
50 g Feta
100 g Haferflocken
Salz, Pfeffer, Muskat

Nährwerte p. P.

363 kcal
33 g Kohlenhydrate
15 g Fett
15 g Eiweiß

1 Die geschälte Zwiebel fein würfeln und mit etwas Rapsöl in einem Topf andünsten.

2 Schneiden Sie die Pilze in dünne Scheiben und schwitzen Sie sie ebenfalls in dem Topf mit an. Den Spinat hinzugeben und etwas dämpfen. Sollte Flüssigkeit entstehen, diese abschöpfen. Die Haferflocken hineingeben, mit der Gemüsebrühe ablöschen und einmal aufkochen lassen. Die Temperatur dann reduzieren und einkochen lassen. Alles mit Pfeffer, Salz und Muskat abschmecken. Den Feta-Käse zerkrümeln und untermischen.

HAFER-FRIKADELLEN

2 Port.

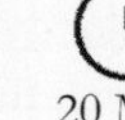
20 Min.

Leicht

Zutaten

½ Würfel Gemüsebrühe
2 Tassen Haferflocken
5 EL Zwiebeln, gehackt
1 EL Tomatenmark
1 EL Margarine
¼ TL kochendes Wasser

Nährwerte p. P.

489 kcal
49 g Kohlenhydrate
27 g Fett
11 g Eiweiß

1 In kochendem Wasser die Gemüsebrühe aufgehen lassen und das Tomatenmark dazugeben. Hierzu alle übrigen Zutaten hineingeben und mit einer Gabel verrühren. Sobald es einigermaßen abgekühlt ist, mit den Händen durchkneten.

2 Sollte die Masse zu klebrig sein, ein paar Haferflocken dazugeben. Hält die Masse nicht zusammen, dann noch etwas Wasser dazugeben. Mit den Händen Frikadellen formen.

3 Margarine in der Pfanne erhitzen und die Frikadellen braten.

HAFER-PIZZEN

12 Stk.

30 Min.

Leicht

Zutaten

4 Eiweiß
200 g Haferflocken
1 TL getrockneter Thymian
2 EL Wasser
100 g Putenschinken
100 g Tomatenketchup
Prise Salz
100 g Mozzarella

Nährwerte p. P.

95 kcal
10 g Kohlenhydrate
2 g Fett
6 g Eiweiß

1 Heizen Sie den Backofen auf 200 °C Ober-/Unterhitze vor. Ein Backblech mit Backpapier auslegen.

2 Die Haferflocken mit einem Mixer zerkleinern und mit Wasser, dem Eiweiß, Thymian und Salz verrühren.

3 Formen Sie nun zwölf kleine Pizzaböden und legen Sie diese auf das Backblech. Bei 200 °C Ober-/Unterhitze für fünf Minuten backen.

4 Währenddessen können Sie den Schinken ein wenig zerrupfen und den Mozzarella in mundgerechte Stücke schneiden.

5 Die kleinen Pizzaböden mit ein wenig Ketchup bestreichen und den Schinken und die Mozzarellastücke darauf verteilen.

6 Die Pizzen erneut für 10 - 15 Minuten backen.

Vegane Hauptspeise

KÜRBISFRIKADELLEN

2 Port. 45 Min. Mittel

Zutaten

500 g Kürbisfleisch
1 Zwiebel
½ Apfel
1 TL Kurkuma
4 EL Haferflocken, fein
4 - 5 EL Rapsöl
Salz und Pfeffer
50 ml Gemüsebrühe
Polentagrieß

Nährwerte p. P.

293 kcal
52 g Kohlenhydrate
5 g Fett
7 g Eiweiß

1 Den Kürbis schälen, entkernen und in Spalten schneiden.

2 Den Apfel würfeln und die Zwiebel fein würfeln.

3 In einer Pfanne Öl erhitzen und die Zwiebelwürfel darin dünsten und anschließend beiseitestellen.

4 Ein Backblech mit den Kürbisspalten und den Apfelstücken belegen, 1 - 2 EL Öl darübergeben.

5 Den Backofen auf 150 °C Umluft vorheizen. Das Backblech einschieben und alles für 20 Minuten backen.

6 Den Kürbis und die Apfelstückchen mit der Gemüsebrühe, den Haferflocken, etwas Salz und Kurkuma vermengen und pürieren. Zwiebeln unterheben und mit Pfeffer und Salz würzen. Die Masse abdecken und für zehn Minuten ziehen lassen.

7 Frikadellen formen und im Grieß wenden.

8 Erhitzen Sie erneut Öl in der Pfanne und braten Sie die Frikadellen bei mittlerer Hitze rundherum an.

GEBACKENE HAFERFLOCKEN

1 Port. 20 Min. Leicht

Zutaten

150 ml Pflanzendrink
80 g Haferflocken
1 EL Dattelpaste
1 EL Leinsamen
½ TL Zimt
½ TL Lebkuchengewürz
½ TL gemahlene Vanille
50 g Walnüsse
1 Apfel

Nährwerte p. P.

841 kcal
81 g Kohlenhydrate
42 g Fett
25 g Eiweiß

1 Den Leinsamen mit den Haferflocken und den Gewürzen vermengen. Die Dattelpaste und die Milch dazugeben und gut verrühren. Den Apfel in kleine Stücke schneiden und ebenfalls unterheben.

2 Die Schüssel bei 180 °C Ober-/Unterhitze in den Backofen geben.

3 Mit den gehackten Walnüssen garnieren.

PFANNKUCHEN

1 Port.

30 Min.

Leicht

Zutaten

1 TL Apfelessig
350 ml Haferdrink
¼ TL Zimt
1 EL Sonnenblumenöl
200 g Haferflockenmehl
1 Msp. Salz
2 EL Agavendicksaft
½ TL Natron
1 TL Backpulver

Nährwerte p. P.

1029 kcal
157 g Kohlenhydrate
28 g Fett
28 g Eiweiß

1 Den Essig mit dem Haferdrink gut verrühren und für fünf Minuten zur Seite stellen. Die übrigen Zutaten hinzugeben und vermischen.

2 Eine Pfanne mit etwas Öl einreiben und langsam erhitzen. Eine Schöpfkelle Teig hineingeben und bei mittlerer Stufe rundherum backen.

3 Garnieren sie abschließend die Pfannkuchen nach Belieben mit Nüssen, Obst oder Ahornsirup.

KRÄUTERTALER

4 Port.

15 Min.

Leicht

Zutaten

1 Knoblauchzehe
250 g Haferkörner
1 Schuss Olivenöl
50 g gemahlene Mandeln
Prise Kräutersalz
3 Zwiebeln
Prise Majoran
Prise Pfeffer
Prise Oregano
Wasser

Nährwerte p. P.

357 kcal
40 g Kohlenhydrate
14 g Fett
12 g Eiweiß

1 Die Haferkörner mit Wasser bedecken und für zwölf Stunden einweichen. Danach die Körner abtropfen lassen.

2 Eine Zwiebel und den Knoblauch fein hacken und mit den vorbereiteten Haferkörnern pürieren. Die übrigen zwei Zwiebeln fein schneiden und unter den Teig heben. Die Mandeln hinzufügen und mit den Gewürzen abschmecken.

3 Öl in einer Pfanne erhitzen. Die Hände anfeuchten und Taler formen. Diese in der Pfanne rundherum anbraten.

GEBRATENE HAFERFLOCKEN

2 Port.

25 Min.

Leicht

Zutaten

200 g Zucchini, gewürfelt
100 g Vollkorn-Haferflocken
50 g Zuckerschoten, halbiert
120 g Möhren, in Streifen
40 g Rosinen
50 g Cashewkerne
2 Frühlingszwiebeln, in Ringe geschnitten
3 EL Erdnussöl
50 ml Wasser
1 EL Sesamöl
2 EL Tamari
1 TL geriebener Ingwer
½ rote Chilischote
½ TL Kurkuma
2 EL gehackter Koriander
½ TL Garam Masala
Salz und Pfeffer

Nährwerte p. P.

642 kcal
65 g Kohlenhydrate
33 g Fett
16 g Eiweiß

1 Das Erdnussöl in einer Pfanne erhitzen und die Haferflocken, die Möhren und die Frühlingszwiebeln anbraten.

2 Den Ingwer reiben und dazugeben. Die Zuckerschoten und die Zucchiniwürfel ebenfalls untermischen. Alles zwei Minuten anbraten. Die Herdstufe herunterdrehen, Garam Masala, Kurkuma, Chili und Rosinen dazugeben und mit Wasser und Tamari ablöschen. Sesamöl darüberträufeln, die Cashewkerne hineingeben und salzen und pfeffern.

3 Die Haferflocken dazu reichen und den Koriander darüberstreuen.

BRATLINGE

10 Stk.

30 Min.

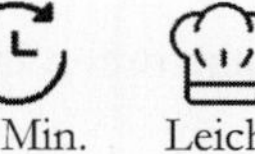
Leicht

Zutaten

200 ml Gemüsebrühe
150 g Haferflocken
1 Zwiebel
50 g Leinsamen
1 Möhre
2 Knoblauchzehen
3 EL Tomatenmark
Salz, Pfeffer, Currypulver, Muskatpulver
2 EL Walnüsse
Öl

Nährwerte p. P.

103 kcal
11 g Kohlenhydrate
4 g Fett
3 g Eiweiß

1 Die Haferflocken mit den Leinsamen vermischen. Die Gemüsebrühe dazugießen und für zehn Minuten ziehen lassen.

2 Die Zwiebel in Würfeln schneiden, die Nüsse kleinhacken und den Knoblauch fein schneiden.

3 Die Möhre raspeln und mit dem Tomatenmark und allen Gewürzen unter die Haferflocken geben. Verkneten Sie alle gut miteinander und formen Sie daraus Bratlinge.

4 Öl in einer Pfanne erhitzen und die Bratlinge rundherum anbraten.

KIDNEYBOHNEN-BURGERPATTIES

5 Stk. 20 Min. Mittel

Zutaten

85 g Zwiebel
60 g Haferflocken
400 g Kidneybohnen
25 g Mehl
1 Knoblauchzehe
1 EL Senf
1 EL Sojasauce
1 TL Kumin
Salz und Pfeffer
2 TL Paprikapulver
½ EL Gemüsebrühe
Öl

Nährwerte p. P.

158 kcal
25 g Kohlenhydrate
1 g Fett
7 g Eiweiß

1 Die Kidneybohnen abtropfen lassen.

2 Die geschälten Zwiebeln fein hacken. Den Knoblauch pressen. Die Zwiebeln in einer Pfanne mit 1 EL Öl glasig dünsten. Den Knoblauch hinzufügen und mitdünsten.

3 Die Kidneybohnen in eine große Schüssel geben und zerdrücken. Die Zwiebeln, das Mehl und die Haferflocken dazugeben und vermischen. Mit den Gewürzen abschmecken und alles ordentlich verkneten. Die Masse nun zugedeckt ein paar Stunden im Kühlschrank ziehen lassen.

4 5 Patties formen. Erhitzen Sie genügend Öl in einer Pfanne, schalten Sie die Stufe herunter und braten Sie die Patties rundherum an.

PIKANTE BOWL

   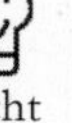

1 Port. 20 Min. Leicht

Zutaten

300 ml Tomatensuppe
75 g zarte Haferflocken
½ TL Paprikapulver, scharf
Salz, Pfeffer, Muskat
1 TL fein gehackten Knoblauch
Toppings nach Belieben (Walnüsse, Gemüse, Samen, Croutons, Tofu...)

Nährwerte p. P.

385 kcal
67 g Kohlenhydrate
5 g Fett
14 g Eiweiß

1 Alle Zutaten in einem großen Topf zum Kochen bringen.

2 Hitze herunterdrehen und so lange köcheln lassen, bis ein Brei entsteht.

3 Den Brei in eine Schüssel geben und mit Toppings nach eigenen Vorlieben garnieren.

Desserts

BUTTERMILCH DESSERT MIT HAFERFLOCKEN-CRUNCH

4 Port.

45 Min.

Leicht

Zutaten

1 Pck. Puddingpulver Vanille
1 Glas Kirschen
2 EL Zucker
2 Blatt Gelatine
2 EL Zucker
500 ml Buttermilchdrink Kirsche-Banane
2 Stiele Zitronenmelisse
1 TL Puderzucker
4 TL flüssiger Honig
80 g kernige Haferflocken

Nährwerte p. P.

263 kcal
52 g Kohlenhydrate
2 g Fett
7 g Eiweiß

1 Den Kirschsaft auffangen und die Kirschen abtropfen lassen. Den Saft anschließend mit so viel Wasser aufgießen, dass Sie insgesamt 500 ml Flüssigkeit kommen. 5 EL des Safts mit dem Vanille-Puddingpulver verrühren. Restlichen Saft zum Kochen bringen. Die Kirschen vorsichtig darunterheben und dann vom Herd nehmen.

2 Die Gelatine in kaltes Wasser einlegen, das Wasser ausdrücken und zum Auflösen bringen. Zuerst 3 - 4 EL der Buttermilch mit der Gelatine vermengen und dann die restliche Buttermilch dazugeben. Für 20 Minuten in den Kühlschrank stellen.

3 Die Buttermilchcreme und das Kirschkompott schichtweise in Gläser füllen und ebenfalls in den Kühlschrank stellen.

4 Die Haferflocken ohne Zugabe von Fett in einer Pfanne anrösten. Zucker darübergeben und karamellisieren lassen. Die Haferflocken auf einem Backpapier verteilen und auskühlen lassen. Zerbröseln Sie diese anschließend und garnieren damit das Schichtdessert.

5 Den Honig gleichmäßig über die Desserts träufeln und mit der Melisse und dem Puderzucker garnieren.

CRUMBLE MIT RHABARBER

6 Port. 50 Min. Leicht

Zutaten

4 EL Orangensaft
1 kg Rhabarber
1 Pck. Vanillezucker
1 EL Puddingpulver, Vanille
etwas Zucker
100 g Mehl
175 g brauner Zucker
125 g weiche Butter
Prise Salz
75 g Haferflocken
½ TL Zimtpulver

Nährwerte p. P.

417 kcal
56 g Kohlenhydrate
18 g Fett
4 g Eiweiß

1 Den geputzten Rhabarber in kleinere Stücke schneiden.

2 Den Saft mit Vanillezucker und den Rhabarberstücken in einem Topf drei Minuten dünsten. Anschließend abtropfen lassen.

3 Streuen Sie das Puddingpulver über den Rhabarber und geben Sie alles in eine Form.

4 Die Streusel aus Mehl, Zucker, Haferflocken und Zimt herstellen. Die Butter unterkneten, sodass Streusel entstehen. Diese auf dem Rhabarber verteilen.

5 Den Crumble bei 180 °C Ober-/Unterhitze 30 Minuten backen.

BIRNEN-APFEL-HAFERKÜCHLEIN

4 Port. 50 Min. Leicht

Zutaten

250 ml Milch
250 g Mehl
250 ml Mineralwasser
1 Birne
1 Apfel
2 Eier
1 TL Backpulver
1 TL Salz
1 TL Zimt
4 EL Haferflocken
½ Zitrone
3 EL Zucker

Nährwerte p. P.

437 kcal
79 g Kohlenhydrate
6 g Fett
13 g Eiweiß

1 Eier, Wasser, Mehl, Salz, Milch, Zucker und Backpulver miteinander vermischen und für 20 Minuten kaltstellen.

2 Birne und Apfel würfeln und mit Zitronensaft beträufeln. Haferflocken und Zimt untermischen.

3 Den gekühlten Teig mit dem Früchte-Hafer-Mix vermengen.

4 Öl in einer Pfanne erhitzen und kleine Küchlein darin braten.

5 Mit Zimt und Zucker garnieren.

HAFERFLOCKEN-APFEL-AUFLAUF

4 Port. 30 Min. Leicht

Zutaten

75 g weiche Butter
250 g Äpfel + 1 Apfel
100 g Zucker
3 Eier
125 ml Milch
125 g Haferflocken
1 TL Backpulver
20 g Speisestärke

Nährwerte p. P.

649 kcal
59 g Kohlenhydrate
41 g Fett
11 g Eiweiß

1 Den Backofen auf 200 °C Ober-/Unterhitze vorheizen.

2 Die geschälten Äpfel entkernen und in Scheiben schneiden.

3 Die Eier trennen und das Eigelb mit Milch, Speisestärke, Zucker, Backpulver und Haferflocken vermischen.

4 Das Eiweiß steifschlafen und die Äpfel unterheben.

5 Eine runde Backform einfetten und die Masse hineinfüllen.

6 Den übrigen Apfel ebenfalls schälen und das Kerngehäuse herausstechen, sodass Ringe geschnitten werden können. Den Haferauflauf mit diesen Apfelringen belegen.

7 Den Auflauf für 35 Minuten backen.

HAFER-KASIERSCHMARRN

 1 Port.

 15 Min.

 Leicht

Zutaten

½ Pck. Backpulver
65 g grobe Haferflocken
1 Ei, Größe L
110 ml Mandeldrink
25 g Eiweißpulver
Öl

Nährwerte p. P.

364 kcal
43 g Kohlenhydrate
12 g Fett
17 g Eiweiß

1 Backpulver, Proteinpulver, Haferflocken, Mandeldrink und Ei vermischen.

2 Etwas Öl in einer Pfanne heiß werden lassen und den Teig darin anbraten. Den Teig wenden. Den Kaiserschmarrn mit einem Pfannenwender zerrupfen.

WHITE PORRIDGE

2 Port. 10 Min. Leicht

Zutaten

100 g Quark
50 g feine Haferflocken
1 TL Vanillezucker
50 g weiße Schokolade
50 g Naturjoghurt
70 ml Wasser
Prise Salz
1 TL gemahlene Haselnüsse

Nährwerte p. P.

315 kcal
38 g Kohlenhydrate
12 g Fett
11 g Eiweiß

1 Die Haferflocken mit Salz und einem halben TL Vanillezucker in einem Topf vermischen, mit Wasser bedecken und zum Kochen bringen. Stets umrühren. Den Topf beiseitestellen und abkühlen lassen.

2 Den übrigen Vanillezucker mit dem Joghurt und dem Quark verrühren.

3 Die weiße Schokolade in kleine Stücke hacken.

4 Im Wechsel die Haferflocken, die Schokolade und den Quark in Gläsern schichten. Die letzte Schicht sollte der Quark sein. Mit Schokolade und Nüssen garnieren.

CHRISTMAS-OATS

1 Port. 8 Std. Leicht

Zutaten

1 reife Banane
200 g Haferflocken
2 EL Preiselbeeren
1 Tasse Milch
¼ TL Zimt
3 EL Naturjoghurt
2 EL Kakao
2 EL Preiselbeeren
1 EL Nüsse

Nährwerte p. P.

1091 kcal
164 g Kohlenhydrate
25 g Fett
40 g Eiweiß

1 Die Banane mit einer Gabel zerdrücken und mit den Zutaten (außer den Nüssen) vermischen. Zudecken und über Nacht stehen lassen.

2 Am nächsten Morgen einmal durchrühren und bei Bedarf süßen. Mit den Nüssen garnieren.

HAFERFLOCKEN MIT HIMBEEREN

4 Port.

1 Std.
15 Min.

Leicht

Zutaten

15 ml Whisky
500 g Himbeeren
250 ml Schlagsahne
4 EL Honig
4 EL Haferflocken

Nährwerte p. P.

340 kcal
28 g Kohlenhydrate
21 g Fett
5 g Eiweiß

1 Die Haferflocken ohne Zugabe von Öl in einer Pfanne langsam anrösten. Dabei ständig umrühren. 1 EL Honig in die Pfanne geben und alles gut miteinander vermengen. Den restlichen Honig mit dem Whisky verrühren.

2 Die Sahne steifschlagen und die Whisky-Mischung unterheben. 3 EL von den Haferflocken dazugeben. Die Himbeeren vorsichtig unter die Masse heben. Auf Schälchen verteilen und für 60 Minuten kaltstellen.

3 Mit den restlichen Haferflocken bestreuen.

HAFERFLOCKEN-APFEL-CRUMBLE

6 Port.

35 Min.

Leicht

Zutaten

120 g Haferflocken
6 Äpfel
150 g Butter
120 g Mehl
80 g Zucker
Zimt und Zucker

Nährwerte p. P.

420 kcal
67 g Kohlenhydrate
16 g Fett
6 g Eiweiß

1 Heizen Sie den Backofen auf 200 °C Ober-/Unterhitze vor.

2 Die geschälten Äpfel kleinschneiden. Zimt und Zucker darübergeben und in einer Auflaufform verteilen.

3 Kleine Butterflocken schneiden und diese mit der Hand mit Zucker, Mehl und Haferflocken verkneten. Die Streusel über den Äpfeln verteilen. Für 20 Minuten in den Backofen schieben.

HONIG-SAHNE-CREME MIT HAFERFLOCKEN-TOPPING

4 Port. 15 Min. Leicht

Zutaten

2 EL Maispops
1 EL Kokosblütenzucker
2 EL kernige Haferflocken
6 EL Honig
350 g Sahnejoghurt
150 g Magerquark
1 TL Zitronensaft

Nährwerte p. P.

224 kcal
37 g Kohlenhydrate
3 g Fett
9 g Eiweiß

1 Eine Pfanne erwärmen und darin den Kokosblütenzucker schmelzen. Die Maispops und die Haferflocken dazugeben und unter ständigem Rühren karamellisieren lassen. Gut auskühlen lassen.

2 Den Joghurt mit dem Quark und dem Zitronensaft vermischen und auf vier Gläser verteilen. Über jede Portion 1,5 EL Honig träufeln und die karamellisierten Haferflocken darüberstreuen.

APFELKUCHEN

1 Port.

1,5 Std.

Leicht

Zutaten

150 g Haferflocken
150 g Mehl
2 EL Agavendicksaft
100 g Zucker
2 EL Sprudel
150 g Öl
4 Äpfel
150 g Pflanzendrink
1 Pck. Vanillezucker
Prise Salz
250 g Apfelmus
½ TL Zimt
1 Pck. Vanillepuddingpulver

Nährwerte p. P.

2839 kcal
311 g Kohlenhydrate
161 g Fett
34 g Eiweiß

1 Den Backofen bei 180 °C Ober-/Unterhitze vorheizen.

2 Das Mehl mit dem Zucker und den Haferflocken vermengen. Anschließend das Öl, den Sprudel und den Agavendicksaft dazugeben und alles gut miteinander verrühren.

3 Eine 26er-Springform einfetten und ⅔ des Teiges hineinfüllen, andrücken und einen Rand formen.

4 Die geschälten Äpfel in kleine Stücke schneiden und mit allen übrigen Zutaten vermengen (Puddingpulver, Zimt, Apfelmus, Salz, Vanillezucker und Pflanzendrink). Die Apfelmasse auf dem Boden verteilen. Die übrige Teigmasse in Streuseln darauf verteilen.

5 Backen Sie den Kuchen für 40 - 50 Minuten.

SCHOKOLADENKUCHEN

1 Port. 40 Min. Mittel

Zutaten

1 TL Stevia
100 g Haferflocken
200 g Mehl
1 Pck. Backpulver
20 g Kakaopulver
250 ml Wasser oder Pflanzendrink
50 g gehackte Schokolade

Nährwerte p. P.

2119 kcal
241 g Kohlenhydrate
108 g Fett
42 g Eiweiß

1 Den Backofen auf 180 °C Ober-/Unterhitze vorheizen.

2 Alle trockenen Zutaten miteinander vermischen. Wasser bzw. Pflanzendrink hinzugeben und verkneten. Die Schokoladenstücke unterheben.

3 Eine Kastenform einfetten, den Teig einfüllen und 20 Minuten backen.